지금 당장
라이브커머스
시작하라

지금 당장 라이브커머스 시작하라

초판 발행 2021년 6월 21일

지은이 권성희 차보경 서성우 김자원 최유진
펴낸이 최영민
펴낸곳 헤르몬하우스
인쇄 미래피앤피
주소 경기도 파주시 신촌2로 24
전화 031-8071-0088
팩스 031-942-8688
전자우편 hermonh@naver.com
등록일자 2015년 3월 27일
등록번호 제406-2015-31호

ISBN 979-11-91188-35-6 (13320)

SNS 마켓과
1인 라이브커머스 크리에이터로
평생직업 만들기!

지금 당장
라이브커머스
시작하라

권성희
차보경
서성우
김자원
최유진

헤르몬
HERMONHOUSE

개인의 역량이 점점 더 커지는 시대에
1인 커머스 크리에이터가 되라!

다양한 커리어의 4인 4색 그녀들이 알려주는 리.얼.꿀.팁 지침서!

라이브커머스 400회 이상 진행 핫한 쇼호스트 – **희타민**

게임계의 여신에서 커머스 기획자이자 유통 사업가 – **차아나**

외국계 브랜드 마케터에서 셀러로, 그리고 브랜드 제작 및 교육까지 – **젤리**

외국계 금융 전문가에서 인플루언서 셀러, 브랜드 컨설팅 마케팅 전문가 – **최라벨**

많은 경제 전문가들이 온택트 경제가 커지면서 '개인과 개인 간의 거래'도 활성화 될 것으로 전망하고 있다. 이제는 유명인이나 인플루언서가 아니어도 '누구나' 상품을 사는 소비자이면서 상품을 판매하는 1인 셀러가 될 수 있는 '스몰 비즈니스' 시대가 도래했다.

온택트, 언택트 시대에서 우위에 서기 위해서는 개인의 경제 활동 터전을 오프라인에서 온라인으로 전환하려는 시도가 중요하다. 이를 개인이 가장 쉽고 빠르게 시작할 수 있는 방식이 바로 라이브커머스에 참여하고, 이어서 확장하여 커머스 크리에이터가 되는 것이다. 라이브커머스에 참여하는 방법으로 쇼호스트 혹은 게스트로 출연하는 것도 있지만, 본 책에서는 이에 더 나아가 직접 콘텐츠를 기획하고, 판매 제품을 소싱하고, 고객에게 제품이 도착할 때까지의 과정에 참여하는 것으로 의미를 확장하여 언급할 예정이다.

또한, 그 어느 때보다 개인이 모바일을 이용해 커머스 크리에이터로 성공할 기회도 넘친다. 1차 생산자와 소상공인, 수공예품 제작자, 예비 개인 창업자에게는 생산자와 소비자 간의 직거래라는 방식으로 중간 유통 과정을 생략하고 소득을 높일 기회를 제공하며, 취업준비생과 직장인, 예비 창업자도 생산자와 최종 소비자를 이어주는 행위에 참여함으로써 추가 소득을 만들 기회를 잡을 수 있다.

그러나 진입 장벽이 낮다고 해서 '한번 해 보지, 뭐!' 하는 가벼운 마음으로 쉽게 도전했다가는 소비자들에게 외면받기 마련이다. 커머스 크리에이터가 된다는 것은 회사에서처럼 본인에게 주어진 일을 하는 것이 아니라, 본인이 할 일을 찾아 만들어가는 것이기 때문에 비즈니스 마인드 함양이 중요하다. 때문에 단순히 단발적인 이익 창출을 목적으로 아르바이트 정도로 생각하고 시작했다가는 생각지도 못한 많은 어려움을 겪게 될 수 있다. 더욱이 겉보기에는 다 비슷해 보이는 플랫폼이어도 각각의 특징이 있기 때문에 이를 잘 파악한 후에 접근해야 한다. 따라서 정확한 정보와 풍부한 경험을 가진 전문가가 해주는 조언이 반드시 필요하다.

모바일 라이브커머스 방송은 TV 홈쇼핑 방송보다 자유로운 편이지만, 판매 방송의 기본적인 공식과 더 잘 팔 수 있는 노하우, 카메라 앞에서 진행자(셀러)가 갖추어야 할 자질과 준비 등은 크게 다르지 않다. 오히려 실시간성으로 인해 더욱 다양한 멀티플레이어의 능력까지 요구된다.

희타민(권성희)은 아나운서로 활동하며 현재 cj오쇼핑 모바일쇼호스트 4년차, ns홈쇼핑 모바일 쇼호스트 등으로 활동하며 네이버, 쿠팡, ssg, 배달의민족 등 다양한 플랫폼에서 라이브커머스 진행자로 활동하고 있다. 400회 이상의 라이브커머스를 진행하며 공동구매 셀러 활동도 함께하고 있는데, 라이브커머스 시장에서 진행자로서 느낀 점을 공유하며 셀러가 된 이유와 라이브커머스 셀러의 모델을 제시할 예정이다.

차아나(차보경)는 게임 방송인으로 활동하면서 IT/게임동아에서 뉴미디어실을 운영하고 있다. 현재 브랜드 마케팅과 유통 사업가로 영역을 넓히고 있다. 뉴미디어와 9년간의 방송 경험으로 섭외를 기다리지 않고 직접 운영하는 방법을 알려주려고 한다.

젤리(김자원)는 대학에서 교육공학과 경영학을 전공하고, 브랜드 마케터로 커리어를 시작했다. 이후 유통 벤처를 운영하며 직접 셀러로 활동하고, 동시에 상품 소싱, 브랜드/제품 기획을 하며 교육 컨설팅도 진행하고 있다. 평범한 직장인이 어떻게 셀러가 되었고, 셀러 활동을 통한 수익 창출 방법에는 무엇이 있는지 설명할 것이다.

최라벨(최유진)은 현재 디지털 유통벤처를 운영하며 이커머스 교육 컨설팅 전문가로 다방면에서 코칭 중이며 은행, 증권, 세무 등 경영 컨설팅, 경제방송 전문가 등 10여 년간 방송을 진행한 전문가이다. 또한 스스로 인플루언서 및 셀러임과 동시에 상품공급, 브랜드 제작 및 브랜드 컨설팅을 진행하고 있다.

이 책은 각자의 경험을 토대로 얻게 된 노하우를 아낌없이 눌러 담았다. 1인 커머스 채널에서 소비자는 물건보다 쇼호스트(셀러)를 믿고 구매를 결정하므로, 판매 채널 콘텐츠에서 자신의 말 한마디에 얼마나 막중한 책임감을 느껴야 하는지, 진정성을 가지고 판매에 임하는 것이 얼마나 중요한지, 그리고 셀러는 판매자인 동시에 소비자임을 잊어서는 안 된다는 당부의 말과 관련 팁들 또한 빠뜨리지 않았다.

또한 빠르게 커져가는 라이브커머스 시장을 가장 명쾌하게 공부할 수 있는 첫 번째 입문서이자 누구나 쉽게 읽을 수 있는 대중서로서, 언택트UNTACT 시대를 맞아 온택트ONTACT 경제에 맞는 생활을 준비하는 우리에게 라이브커머스 세계를 가장 확실하게 공부하고 행동할 수 있도록 도와주는 개인 비서가 될 것이라고 자신한다.

추천사

이 책은 디지털 기반의 커머스 창작자들로서 라이브 커머스 현장에서 체득한 필자들의 살아있는 경험과 노하우가 오롯이 담겨진 실전 입문서이다. 비대면·언택트 시대에 디지털 유통벤처를 꿈꾸는 예비 커머스 크리에이터들과 청년 창업가들에게 이 책을 추천한다.

_중소기업유통센터 부사장 이명수

단순히 이론적으로 라이브커머스와 SNS 공동구매 시장을 설명한 책이 아니다. 대한민국 최초의 비디오 커머스 회사인 우먼스톡도 셀럽 공구로 함께 일하면서 많은 실전 경험을 임직원들에게 알려줄 수 있었던 노하우가 고스란히 담긴 책

_우먼스톡 대표이사 김강일

요즘 핫한 라이브커머스와 공동구매 시장을 이해할 수 있는 인사이트를 배울 수 있는 책! 배달과 오프라인 매장 운영뿐만 아니라 가공식품 기획을 통해서 라이브커머스와 공동구매 시장으로 사업 다각화를 생각할 수 있어 좋은 기회였습니다

_(주)아이더스코리아(푸라닭) 대표이사 장성식

언택트를 넘어 온택트가 도래한 시대. 수많은 미디어가 끊임없이 온라인 커머스 시장을 두드리고 있는 시대. 장안의 화제인 라이브커머스가 그 중심에 자리 잡고 있다. 사람들이 관심은 있으나 너무 빠른 속도로 변화하고 있어 방향을 잡기가 힘든 라이브커머스를 이리 쉽게 설명해준 책이 나오다니 개인적으로도 감사할 뿐이다.

_IT/게임동아 대표이사 강덕원

홈쇼핑 방송이나 T-커머스를 뛰어넘어 새롭게 주류 유통 플랫폼으로 자리매김한 라이브커머스를 선도하고 있는 대한민국 최고의 전문가들이 이 분야에 도전할 사람들을 위해 필요한 핵심 내용만을 모았다. 저자들의 노하우를 이어받아 차세대 인플루언서를 꿈꾸는 이들에게 이 책은 많은 도움이 될 것이다.

_중앙대 미디어학부 교수, 한국OTT포럼 회장 성동규

개인의 역량과 영향력이 강조되는 이커머스 시장에서 저마다의 백그라운드를 가진 여성 4인이, 새로운 직업의 패러다임을 제시한 책이다. 현재 듀오에서도 시대의 흐름을 반영한 유튜브 컨텐츠와 라이브방송 등 여러가지를 시도 중이다. 시간과 공간의 제약을 넘어서, 수익을 창출할 수 있는 방법을 소개하기 때문에 직업군에 상관없이 누구나 읽어볼 법하다.

_듀오 대표이사 박수경

비대면시대를 거치면서 사회 전반에 새로운 물결이 넘실거리는 가운데 라이브커머스의 비중이 더욱 커지고 있다. 이 분야에서 최고의 실전 경험을 가진 전문가 네 분이 라이브커머스의 시작 단계부터 실전까지 누구나 쉽게 이해하도록 안내해주는 매력적인 책이다.

_고려대 기술경영전문대학원 교수 송인규

요즘 핫한 유통 플랫폼의 트렌드인 라이브커머스 전문가들이 기초부터 실전까지 잘 정리한 커머스 관련 지침서. 게임 전문아나운서 그리고 쇼호스트부터 아나운서, 금융전문가, 화장품 브랜드 매니저 출신의 전문가가 공구부터 SNS 쇼핑 셀러가 되는 노하우를 이해하기 쉽게 이 책에 담았다. 커머스와 라이브 방송 그리고 인플루언서 셀러를 꿈꾸는 분들이라면 꼭 필독해야 할 책. 4인4색 리얼 꿀팁 노하우 보따리!

_SBS 미디어넷(스타뷰티쇼/스타그램/외식하는날/홈데렐라/빵카로드 등)
라이프스타일 프로그램 및 콘텐츠커머스 기획제작 전문프로듀서 김용규

라이브커머스로 마술쇼와 아이돌쇼케이스까지 하는 시대. 점점 더 커지고 있는 시장에서 라이브커머스에 관심 있는 사람이라면 꼭 봐야하는 책. 펼쳐라 마법 같은 일이 생길 테니. 후뿌뿌뿌

_ 국민마술사 최현우

이 책의 저자들은 라이브커머스 생태계의 공동 번영을 목표로 하는 듯하다. 넥스트 노멀 시대의 경영 필독서로서 추천한다.

_연세대학교 경영대학 교수 민순홍

목차

PART 5　SNS 마켓으로 진정한 커머스 사업가 되기

PART
6
커머스 크리에이터 사업자가 꼭 알아야 할 세금 꿀팁

요즘 가장 핫한 키워드?
라이브커머스!
SNS 마켓

1
왜 모두가 라이브커머스에 열광하는가?

라이브커머스란 모바일에서 실시간 동영상 스트리밍을 통해 라이브 방송을 하며 상품을 판매하는 것이다. 오프라인 매장에서 대화하듯이 온라인에서 실시간으로 판매자와 소통하며 쇼핑하는 것으로 라이브 스트리밍Live streaming과 커머스Commerce의 합성어인 라이브커머스Live commerce는 실시간으로 쇼호스트가 제품을 설명하고 판매한다는 점에서 TV 홈쇼핑과 유사하다. 흔히 라이브커머스를 'TV 홈쇼핑의 축소판'이라고 한다.

그런데 엄밀히 따지면 TV 홈쇼핑과 라이브커머스는 공통점도 많지만 다른 점도 많다. 먼저 TV 홈쇼핑은 송출 수수료가 있다. 케이블 TV, 위성방송 등에 지출하는 송출 수수료가 연간 2조 정도로 어마어마하다. 이 구조로 인해 TV 홈쇼핑 회사의 매출 절반 가까이

가 송출 수수료로 나갈 수밖에 없지만, 라이브커머스 플랫폼들은 송출 수수료라는 것이 없다. 따라서 플랫폼 회사에서 업체들에게 많은 수수료를 요구할 필요가 없는 것이다.

　TV 홈쇼핑은 한정된 채널에서 정해진 편성대로 방송을 해야 하지만 모바일 라이브커머스는 한 플랫폼 내에서도 동시다발적으로 판매 방송을 할 수 있어서 진입 장벽이 상당히 낮다. 카카오 쇼핑 라이브 등 일부 플랫폼에서는 상품을 MD가 큐레이팅해서 라이브 방송을 진행하는 경우도 있지만, 대부분의 플랫폼에는 어렵지 않게 브랜드 혹은 셀러가 입점해서 방송을 진행하고 있다. 또 TV 홈쇼핑은 전용 스튜디오에서 전문 장비를 갖춘 상태에서 전문 쇼호스트가 방송을 하지만 라이브커머스는 휴대폰 카메라 한 대로 원하는 시간, 원하는 장소에서 방송할 수가 있다. 가령 동대문에서 옷가게를 하는 사람이라면, 본인 매장에서 휴대폰을 삼각대에 올려놓은 상태로 매장 내 옷을 판매할 수 있는 것이다.

마지막으로 가장 큰 차이점은 쌍방향 소통으로, 시청자가 방송에 적극적으로 참여하고 함께 이끌어가기 때문에 상품 정보만을 전달하는 데에 그치는 것이 아니라 추가적인 콘텐츠를 기획하는 것이 가능하고, 오락의 기능을 하기도 한다. 더불어 사용 후기나 질문이 실시간으로 방송 중에 노출되기 때문에, 온라인 쇼핑몰처럼 Q&A 게시판이 따로 필요하거나, TV 홈쇼핑처럼 콜센터로 제품에 대한 문의를 할 필요가 없다.

라이브커머스는 코로나로 인해 비대면 비접촉을 추구하는 언택트 경제가 부상하면서 활발히 성장하고 있다. 스마트폰이 대중화되면서 모바일 중심의 쇼핑이 보편화되었고, 경쟁 심화와 함께 차별화된 쇼핑 경험을 제공하는 새로운 마케팅 전략 중 하나로 네이버 '잼라이브', 티몬 '티비온' 등 메이저 업체를 중심으로 라이브커머스가

홈쇼핑과 달리 라이브커머스는 시청자와 함께 소통하며 방송을 진행하는 양방향 미디어 커머스이다.

구분	홈쇼핑	라이브커머스
소통 방식	일방적 정보전달	쌍방간 소통
판매자	전문 쇼호스트	인플루언서
결제방식	전화주문	모바일 결제

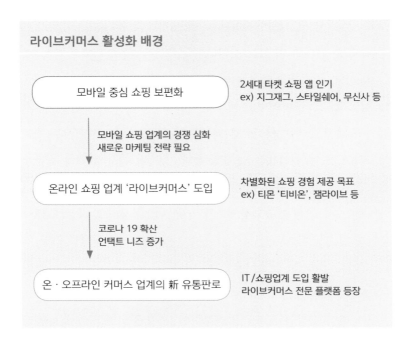

라이브커머스 활성화 배경

모바일 중심 쇼핑 보편화

2세대 타켓 쇼핑 앱 인기
ex) 지그재그, 스타일쉐어, 무신사 등

모바일 쇼핑 업계의 경쟁 심화
새로운 마케팅 전략 필요

온라인 쇼핑 업계 '라이브커머스' 도입

차별화된 쇼핑 경험 제공 목표
ex) 티몬 '티비온', 잼라이브 등

코로나 19 확산
언택트 니즈 증가

온·오프라인 커머스 업계의 新 유통판로

IT/쇼핑업계 도입 활발
라이브커머스 전문 플랫폼 등장

시작 되었으며, 코로나19가 팬데믹이 되면서 사람들의 예상을 뛰어 넘으며 라이브커머스 시장이 급격하게 커지고 있다. 비대면 비접촉 은 반드시 지켜야 하는 사회적 규칙이 되었고, 쇼핑도 오프라인 쇼핑 보다 온라인 쇼핑이 주류가 되고 있으며, 예전과는 다른 생활을 맞 이하고 있다. 의류와 화장품, 생활용품 위주로 판매되던 초기와 달리 지금은 자동차, 부동산은 물론 명품에 이르기까지 라이브커머스를 통해 거래되는 등 점점 판매하는 상품의 제약도 없어지고 있다.

시기적 상황으로 인해 어려움을 겪고 있는 오프라인 소매점과

TV 홈쇼핑에 입점하기 어려운 소상공인들에게, 모바일을 중심으로 고객과 만나 실시간으로 소통하고 다양한 상품을 직·간접적으로 판매할 수 있는 새로운 유통 판로를 제공하게 될 것이다.

온라인 유통 영역에서 모바일에 익숙한 소비자와의 접점 확대 및 차별화된 쇼핑 경험을 제공하며 네이버, 쿠팡 등 국내 유통업계를 중심으로 '라이브커머스'를 본격적으로 시도하고 있다. 매장에 방문하지 않고도 동영상을 보며 현장감을 느끼고 구매할 수 있는 차세대 쇼핑 트렌드로 급부상 중이다.

2

누가
셀러가 되는가?

우리는 알게 모르게 이미 물건을 팔고 있다. 내가 산 화장품이 마음에 들면 블로그에 자발적 구매 후기를 올리고, 배달 음식을 시켜 먹을 때도 사진을 찍고, 리뷰를 통해 음식 맛에 대해 마치 '생생정보통'의 패널처럼 생생하게 전달한다. 호텔이나 맛집을 SNS에 공유하고, 여행지에 다녀와서 그곳에서 찍은 사진을 인스타그램에 해시태그 #여행 #여행스타그램 등을 사용하여 해당 여행지의 사진을 궁금해하는 사람들에게 공유한다.

이때 내가 기재한 구매 후기로 인해 누군가가 제품을 구매했다면, 혹은 내가 찍은 사진을 보고 그 호텔이나 맛집을 방문했다면, 여러분은 이미 타인에게 영향을 미치는 인플루언서임과 동시에 셀러로서의 자질을 충분히 갖춘 셈이다.

최근 3~4년간, 온라인상에서는 소비자들의 리얼 리뷰 형식의 광고가 높은 구매 전환을 일으켜 급부상한 경우가 많았고, 이에 따라 실제 사용자들의 리얼 후기가 중시되기 시작했다. 소비자들이 공들여 쓴 자세한 리뷰 하나가 수천만 원짜리 광고보다 효과가 더 나을 수도 있다. 이에 발맞추어 온라인상에서 구독자, 팔로워가 많은 인플루언서는 브랜드사와 협업하여, 본인이 직접 고른 제품에 진정성 있는 스토리텔링을 입혀 물건을 판매하기 시작했다. 해당 인플루언서와 평소에 친밀감을 형성하고 있던 사람들은 인플루언서의 소개 콘텐츠를 보고 물건을 구매하기 시작했다.

한국에서 인플루언서 커머스를 통해 성장한 크리에이터를 하나 꼽으라면 '임OO'가 있다. 개인의 인스타그램을 통해 인기를 얻으면서 성장한 쇼핑몰인데, 패션 인플루언서가 직접 자기 쇼핑몰을 운영하고, 상품 판매를 위한 홍보를 자신의 SNS에서 진행했다. 인스타그램에서 80만 명 이상의 팔로워를 얻는 등 SNS에서 큰 인기를 끌었고, 그의 회사는 인기에 힘입어 2018년 연 매출 1,700억 원을 달성하기도 했다.

처음엔 의류로 시작했지만 화장품을 론칭하고, 샤워기 필터, 유아용 매트, 호박즙까지 판매했다. 또한 자신들만의 자체 생산 공정을 통해 건강한 제품을 만들어왔다고 홍보하며 자체 쇼핑몰 마케팅을, SNS을 통해 판매 소구 포인트를 일원화하였지만, '곰팡이 호박즙'으로 논란이 되어 시민단체로부터 고발당하고, SNS를 닫고, 2019

년 7월 경영에서 물러났다.

임○○은 패션 인플루언서 출신으로 전문 경영인이 아니었으며, 제품 품질에 대한 컨트롤 및 리스크 관리가 체계적으로 이루어지지 않아 생기 결과였다.

인플루언서 커머스 초장기에는 인플루언서가 해야 할 일이 굉장히 많았다. 제품 선정부터 제조, 고객관리, 쇼핑몰 운영까지 모두 개인이 담당했다. 그러나 이후 새로운 형태가 등장했는데, 제품과 인플루언서가 매칭되어, 인플루언서가 판매한 제품에 대해 판매 수량만큼 수익금을 쉐어 하는 방식이었다. 이를 통해 인플루언서는 제품을 홍보하는 데에 더 집중할 수 있게 되었다. 더불어 홍보와 고객 소통에만 집중하면 되기 때문에, 제품 제조 및 유통 단계에는 관여하지 않아도 된다는 점과, 본인이 사업체를 직접 운영할 필요가 없다는 점에서 인플루언서뿐만 아니라 육아맘, 마이크로 인플루언서 등이 제품 판매에 성공하는 사례가 속속 등장했다. 이에 따라 인플루언서 커머스, 소위 공구(공동구매) 시장에 대한 관심도 증가되었다.

3
라이브커머스가
성공하려면?

　라이브커머스는 클릭 한 번이면 소비자가 언제든 로그아웃 할 수 있는 특징이 있으므로 방송하는 동안 지루하지 않게 소비자들의 이목을 끊임없이 집중시키는 기술이 필요하다. 제품과 서비스의 품질은 당연히 좋아야 하고, 진행자의 매력도도 있어야 하며, 각종 할인이나 사은품 등 다양한 혜택이 있어야만 성공적으로 마무리할 수 있다. 이 세 가지의 삼박자가 잘 이루어지면 최고의 결과를 낳을 수 있다.

라이브커머스가 성공하려면?

라이브커머스는 클릭 한 번이면 소비자가 언제든 로그아웃
할 수 있는 특징을 가지고 있으므로,
소비자들의 이목을 끊임없이 집중시켜야 합니다.

제품 품질   +   진행자의 매력   +   할인 이벤트

업계 관계자들은 제품의 품질, 진행자의 매력, 그리고
할인 이벤트를 잘 갖춰야만 성공한 라이브커머스가
될 수 있다고 합니다.

4인4색 디지털 유통
벤처 성공 스토리

권성희 아나운서
리포터, 아나운서, 쇼호스트 & 셀러

1. 쇼호스트가 되기 전 아나운서 스토리

어릴 적부터 말하는 걸 좋아했다. 교내 영어말하기 대회에 나가서 1등, 자기주장말하기 대회 1등, 그러다 인천시 대표로까지 나갈 정도로 자신감도 넘쳤고 말하는 것이 재능이라고 생각했다. 한참 아나테이너 열풍이 중학교 시절부터 불기 시작했고 중학교 때 구청의 지원으로 참여하게 된 아나운서클래스를 통해 아나운서의 꿈을 키우기 시작했다. 당시 가장 유명했던 노현정, 김주하 같은 아나운서가 되리라 다짐했다.

그러기 위해선 무슨 준비를 해야 하나 검색해봤더니 네이버에서는 신문방송학과를 가면 좋다고 하더라. 신방과에 진학 후, 이 말이

● 지방 아나운서, 리포터로 방송인으로서 기반을 다지다

정말 쓸데없는 말이라는 걸 알긴 했지만, 아무튼 신방과를 가야 아나운서가 될 수 있다고 생각했고 중학교, 고등학교 때 열심히 공부해서 중앙대학교 신문방송학과에 진학할 수 있었다. 그리고 24살부터 아나운서 아카데미를 다니기 시작했고 아카데미 수료 후, 대학교를 졸업하자마자 지방 방송국의 아나운서 일을 시작했다. CJ헬로비전의 리포터를 하기도 했고, 후에 월드미스유니버시티에 참가해서 인기상, 탤런트상 2관왕을 받기도 했다. 방송에 대한 꿈은 있었지만

● 아나운서 준비시절 쏠쏠한 용돈벌이, 바이럴모델

녹록지 않다는 걸 느낄 때쯤 spotv 현장 리포팅의 기회를 얻었다. 그때 스포츠 아나운서가 되고 싶다는 꿈을 조금씩 꾸기 시작했다.

야구심판학교에 다니면서 정말 열심히 스포츠 아나운서가 되기 위해 노력했다. 잘 모르던 야구 공부도 하고 각종 스포츠 프로그램에 지원하기도 했지만, 워낙 공채가 잘 안 뜨기도 하고 뜬다 해도 단발성, 계약직 위주라 아나운서라는 직업 자체에 대한 의구심이 생기기 시작했다. 하지만 졸업 후 1~2년간 아나운서가 되기 위해 계속 노력했고 무조건적으로 난 아나운서가 될 것이라며 중학교부터 믿어 왔기 때문에 이 정도로 포기할 수는 없었다.

그래서 차선책으로 선택한 일이 모델 일이었다. 여기서 말하는 모델은 슈퍼모델, 패션모델이 아니고 당시에 뜨거웠던 페북에서 나오는 광고! 그 바이럴 광고에 나오는 친근한 바이럴모델 일이었다. 그때 아나운서 역할로 제품을 설명해줄 사람을 구하고 있었는데 마침 아나운서 일이 잘 풀리지 않을 때라 뭐라도 열심히 하면 좋겠지라는 생각으로 모델 일에 참여하게 됐다. 처음에는 했다가 괜히 아나운서 명성에 먹칠하면 어떡하나 하는 말도 안 되는 고민을 했는데 그때 시작했던 모델 일이 지금 쇼호스트를 하게 만든 계기가 됐고 내가 힘들었던 아나운서 시절을 견뎌내는 계기가 됐다.

당시 판도라TV라는 플랫폼이 나름 유명했다. 바이럴모델 일을 판도라TV와 시작하면서 그 일을 시작하고 난 뒤 다양한 바이럴 촬영이 한 달에 한 번 정도는 이어졌다. 이 촬영이 V콘텐츠의 시초였고, 이 모델 일을 엄청 열심히 한 덕에 판도라TV에서 주최한 '배틀커머스'라는 라이브커머스 토너먼트에도 참여하게 됐다. 그리고 그 경연대회에서 처음으로 쇼호스트 역할로 중소기업 제품을 판매하고 열심히 노력한 덕에 1등을 차지하게 됐다.(여기서 중소기업유통센터와의 연이 시작된다)

모델로도 열심히 살았지만 그래도 꿈은 아나운서였기 때문에 그냥 용돈벌이라고 생각하며 모델 일을 시작했다. 그리고 나름 아나운서를 준비하던 시절에 꽤 괜찮은 용돈벌이가 되었으며, 많은 분들과의 인맥을 쌓는 계기도 되었다. 이를 계기로 나중에 위메프 60초 쇼핑의 전속 바이럴 모델로 활동하게 된다. 이 또한 판도라TV의 인연이 맺어준 촬영이었고 중소기업유통센터 주관 하의 촬영이었다. 나

● 아나운서라는 직업에 대한 포기까지

의 딕션과 연기력이 향상되는 계기가 되었고 고정적인 이미지의 아나운서가 아닌 다양한 방송을 소화하는 만능 크리에이터로서 성장하게 되는 계기가 됐던 1년간의 프로젝트였다.

그리고 마지막으로 했던 일이 OBS에서 '뉴스 읽어주는 여자' MC였다. 그때 나름 실력도 인정받고 열심히 했지만, 오히려 내가 방송을 그만두는 계기가 됐다. '아, 아나운서가 이런 거라면 나는 아나운서 안 할래.' 당시 아나운서 세계는 좀 흉흉했다.

모 방송사는 아나운서를 계약직으로 뽑기 시작했고 심지어 계약직으로 들어간 아나운서들이 잘리기 시작했다. 우리나라 방송사에서 아나운서들에게 요구하는 잣대는 너무나 높은데 그에 비해 대우가 형편없다는 생각이 들었다. 학벌에 키에 얼굴에 지성에, 그리고 2~3천대 1의 경쟁률까지 뚫는 아나운서를 원하는데, 막상 그렇게 들어간다 해도 계약직으로 뽑기 일쑤였고 계약이라도 해지 될 경우, 나의 미래는 어떻게 될지 몰랐다. 내가 10년 넘게 원했던 너무나 선망의 대상이었던 꿈의 직업이 이런 취급을 받다니 참을 수가 없었다.

실제로 지상파 아나운서가 되지는 못했지만 내가 겪었던 아나운서의 세계도 별반 다르지 않았다. 방송국은 아나운서가 철저히 '을'인 세상이었다. 아나운서는 주기적으로 새로 뽑아 나를 대체할 사람은 많으며 나이가 들수록 위치가 더욱 애매해지는 것 같았다. 이렇게 되기 어려운 아나운서라는 직업은 왜 방송국에서 을이 되어야 하며, 그렇다면 '을이 되지 않는 방송인은 없을까?'라는 고민이 생기기 시작했다. 아나운서가 회사의 매출을 좌지우지한다면 을이 되지는 않겠구나, 그렇다면, 방송국에서 목소리를 낼 수 있는, 회사의 매출에 영향을 끼치는 방송인은 누구일까? 엄청나게 유명하고 국민의 신뢰를 받는 아나운서이거나 인기 많은 스타 아나운서이거나, 아니면 쇼호스트구나. 그런 결론을 내렸다.

2. 2017년 라이브커머스 1세대로 대세 편승 성공

방송 세계에서 깨달은 쇼호스트의 위력

지상파 방송국과 홈쇼핑의 구조는 뭐가 다를까?

그때부터 방송의 구조에 대한 고민이 시작됐다. 홈쇼핑과 지상파 방송국은 구조적으로 어떻게 다르길래 똑같은 방송 진행자임에도 불구하고 방송 내에서 권력 구조가 달라지는가? 여자 아나운서는 나이가 들수록 회사에서 주요 위치에서 밀려나는데, 쇼호스트는 오히려 결혼할수록 아이를 낳을수록 더 높은 위치에 올라가며 이것이 장점으로 적용되는가? 그리고 쇼호스트들은 나이가 들수록 더 안정적으로 방송에 임할 수 있게 되는가? 등등의 다양한 고민으로 이어졌다. 아나운서를 하다가 쇼호스트로 넘어가는 경우는 봤어도, 쇼호스트를 하다가 아나운서로 넘어오는 것은 못 봤다. 그렇다면 쇼호스트라는 직업은 대체 어떤 매력을 지녔을까?

결론적으로 이 모든 건 매출에 영향을 미치느냐 아니냐의 문제였다. 매출에 직접적으로 영향을 미치는, 매분 매초 매출을 좌지우지하는 쇼호스트들은 방송에서 중요한 존재가 될 수밖에 없었다. 게스트만으로는 방송 자체를 진행하기 어렵기 때문에 쇼호스트는 회사 내에서도 좋은 대우를 받을 수밖에 없다. 또한 방송에서 매출에 직접적으로 영향을 미치는 소비자들이 대부분 중년 여성이기 때문에, 공감대를 위해서도 어리고 예쁘기만 한 방송인 보다는 육아와 살림, 그리고 결혼을 한 여성들이 더욱 풍부한 방송 멘트를 할 수 있었고 인기 있을 수밖에 없었다. 매출을 일으키는 소비자 자체가 다르기 때문에 방송 내에서 진행자의 역할도 다를 수밖에 없으며, 아나운서로서 엄청난 아이덴티티를 갖지 않는 이상 쉽게 대체될 수밖에 없는 것에 비해, 쇼호스트는 오랜 시간 방송을 통해 시청자와 함께 나이 들어갈 수 있는 직업이었다.

홈쇼핑 내에서의 쇼호스트 파워

이러한 고민은 쇼호스트라는 직업에 대한 관심으로 이어졌고, 아나운서 아카데미만 다니며 아나운서 친구들밖에 없었던 내게 신세계가 펼쳐졌다. 한 곳만 바라보고 달렸는데 고개를 살짝 돌려보니 쇼호스트라는 직업을 보고 달려가는 친구들도 엄청 많았던 것이다. 근데 결이 조금 달랐다. 아나운서는 영어나 학벌 등 요구되는 조건이 많은 것에 비해 쇼호스트는 학벌을 내 걸지도 영어 실력을 요구하지도 않았다. 오로지 실력 하나만을 보고 뽑았다. 생각해보면 공부를 더 했다고 영어를 잘한다고 잘 파는 것은 아니기 때문에 당연한 수순 같았다. 그곳은 휴대폰 영업사원을 했던 사람도, 개그맨도 그리고 교육자도 지원할 수 있는 곳이었다. 그래서 내게는 더 어려웠다. 차라리 학벌, 영어 실력으로 서류 면접을 한다면 경쟁자가 줄어들 텐데, 내가 더 열심히 공부해서 그 안에 들면 될 텐데… 쇼호스트야말로 무한경쟁 테스트 같았다.

신문방송학과를 나온 내 동기들, 선배들이 하나둘씩 홈쇼핑에 취업하기 시작했다. 그리고 그들에게 많은 이야기를 들었다.

"성희야, 쇼호스트 한 번 해봐. 이 직업 정말 괜찮다! 돈도 잘 벌고 다들 멋지게 살아. 방송인인데 오히려 나이 들수록 더 멋있다니까."

아나운서를 준비하는 모든 방송인들은 나이의 압박 속에서 살아간다. '더 나이 들면 나를 받아주는 방송국은 없을 텐데, 나중에 지상파에 못 들어가면 뭐 하고 살지?' 그런데 이 세계는 달랐다. 내가 나이를 먹을수록 경력을 인정해주고 더 인기를 얻고, 인지도를 쌓고. 그리고 (사람마다 다르겠지만) 돈도 더 많이 벌고…

그때 내 질문은 이랬다.

"아니 홈쇼핑에 쇼호스트가 몇 명인데… 그리고 홈쇼핑 내에 MD, PD님들도 다 있잖아. 그런데 쇼호스트가 어떤 사람이 나오느냐에 따라서 매출이 달라져? 그냥 그 제품이랑 가격, 그리고 구성이 좋았던 거 아니야?"

친구 왈, "달라. 다르더라. 그렇게 생각했는데 똑같은 제품이어도 우리 회사 대표 쇼호스트가 판매하면 매출이 두 배, 세 배로 뛰어. 그래서 우리도 그분들의 역량을 무시할 수가 없는 거야. 설명에서도 디테일이 차이가 있고 그분이 설명하면 뭘 팔아도 고급스러워 보인다니까."

이거구나! 뭘 팔아도 좋아 보이는 것. 스타 쇼호스트들이 바로 TV라는 플랫폼의 인플루언서구나 싶었다. 그분들은 나이가 들어도 꾸준히 관리하며 멋진 인생을 살며, 세상 모든 아줌마들의 우상이 되어가고 있는 것이었다.

다양한 라이브 홈쇼핑이 있지만, 대부분의 홈쇼핑이 그룹 내에서 큰 수익을 내고 있다는 것을 알게 됐고 그 수익을 좌지우지하는 쇼호스트가 그 회사의 간판이자 보물이 될 수밖에 없었다. 신입 쇼호스트는 제품을 선정하거나 내가 원하는 방송을 고를 수 없지만, 영향력이 생기는 스타 쇼호스트는 자신의 이름을 걸고 방송을 한다. 그리고 제품 선정을 함께 하며 내 이름을 걸고 하는 만큼 제품에 자부심을 갖게 된다. 이러한 모습을 바탕으로 소비자들은 더욱 큰 신뢰가 생기게 되고 이제는 홈쇼핑을 넘어서 스타 쇼호스트 그 자체에 팬심을 갖게 된다. 그들은 하나의 브랜드가 되고 훌쩍 커버린 스타 쇼호스트들은 홈쇼핑에서 자신의 브랜드를 런칭하기도 한다.

수많은 제품을 보고 공부하고 방송하다 보면 자신의 분야에서 전문가가 되기 마련이기 때문에 사람들은 그들이 만든 브랜드를 신뢰하고 구매한다. 이처럼 성공한 케이스의 뷰티 쇼호스트들이 꽤 많다. 그리고 그 얘기를 들으면서 생각했다. '아, 이게 내가 나아가야 할 방향이겠구나.' 그리고 한 걸음 더 나아가야겠다.

기존의 홈쇼핑 방송국이 PD, MD 그리고 쇼호스트의 구분을 명확히 했다면, 나는 나의 브랜드를 만들어서 내가 상품도 고르고 기획하고 방송까지 할 수 있는 커머스 크리에이터가 되어야겠다. 그게 내가 나아가야 할 방향인 것을 깨달았고, 그후 나는 쇼호스트가 되기 위한 노력을 시작했다.

3. 아나운서와 쇼호스트는 뭐가 다를까?

결국 모든 방송은 판매로 이어진다

내가 아나운서라는 직업에서 쇼호스트로 이직하게 된 이유는 방송국 내에서의 입지 때문이었다. 아나운서에게 들이대는 잣대가 정말 엄격하고 엄청난 경쟁률을 뚫고 입사하는 것에 비해 아나운서는 방송국 내에서 을의 존재로 점점 변하고 있었다. 그러나 쇼호스트는 나이가 들수록, 그리고 타 홈쇼핑을 가거나 새로운 쇼호스트가 뽑힌다고 해서 방송이 줄지 않으며 오히려 결혼하고 아이를 낳을수록 더욱 좋은 대우를 받았다. 이러한 이유를 나는 매출 구조에서 찾았다.

아나운서는 방송 매출에 직접적인 영향을 끼치지 않는다. 아나운서의 얼굴을 보고 프로그램 시청률이 높아질 수는 있지만, 이는 예외적인 경우고 대부분의 시청률은 기자와 PD, 그리고 유명 연예인과 배우가 담당한다. 정말 가끔 스타 아나운서가 나와서 그 방송국의 트레이드마크가 되는 경우를 제외하고는 대부분의 아나운서는 구조적으로 방송국의 매출에 기여하지 않는다. 나는 이러한 요소 때문에 아나운서를 계약직으로 뽑고 새로운 얼굴을 원하는 것이라고 생각했다. 점차 인플루언서와 말 잘하는 예능인들이 그 자리를 대체하고 있으며 앵커는 방송기자가 대체하고 있다. 그리고 여자 아나운서의 경우는 나이가 들수록 대부분 방송사에서 자취를 감추는 일이 허다했다.

그러나 쇼호스트는 TV 홈쇼핑의 매출을 캐리하는 아주 중요한 역할을 한다. TV 방송국과 달리 홈쇼핑 PD의 역할은 상품과 쇼호스트를 더 잘 보이게 하는 것에 치중되어 있으며 상품 선정과 쇼호스트의 말이 홈쇼핑의 매출을 좌지우지한다. 그리고 주 소비층이 중장년층이기 때문에 여자 쇼호스트들의 결혼과 육아는 홈쇼핑 시장 내에서 더욱 환영받는다.

방송 내에서 얼마나 매출에 영향을 미치는지가 회사 내의 입지를 결정하는 중요한 요건이며 내가 주체가 되어 제작에 얼마나 관여하는지에 따라 대우가 달라졌다. 나이가 들수록 제작과 판매에 기여도가 높아지는 방송인이라면 아나운서든 쇼호스트든 좋은 입지에서 좋은 대우를 받으며 방송을 할 수 있었다.

● 모든 방송은 다 판매로 이어진다

그러나 그러한 가능성과 기회가 아나운서보다 쇼호스트 쪽에 훨씬 많다는 것을 깨달았다. 나는 방송을 오래 하며 잊혀지는 것이 아닌 내가 주체가 되어 경력이 쌓일수록 인정받는 방송인이 되고 싶었다. 회사에 영향력을 가지고 내가 이끄는 방송을 하고 싶었다.

이 간단한 원리를 내가 왜 몰랐을까. 방송을 계속하면서 깨달은 것은, 결국 방송은 모두 팔기 위한 것이라는 점이었다. 자본주의 시장에서 모든 생산은 판매에 목적이 있다. 어릴 때야 방송의 수익이 어떻게 이루어지는지도 몰랐으며 방송국의 수많은 직원들의 월급은 어디서 나오는지 궁금하지도 않았다. 우리를 즐겁게 만들어주려고 만들어진 줄 알았던 예능은 광고 수익으로 어마어마하게 돈을 벌고 있었으며, 드라마와 영화는 PPL부터 시작해서 수익을 낼 수 있는 길이 너무나 다양했다. 하물며 TV 교양 프로그램에서 판매하고 있는 수많은 건강식품이나 원료들이 다 TV 홈쇼핑과 연계돼 있다는 것까지 알게 됐다. 그나마 대놓고 판매하는 홈쇼핑은 정직하기라도 하다는 생각이 들 정도로 모든 방송은 다 팔기 위해 제작되고 있었다. 유튜버, 인스타스타, 틱톡커도 모두 마찬가지다.

그래서 이 원리를 이해하면 시장 전체를 이해하는 것이 한결 수월해진다. 일반 기업에 다니고 있는 사람들은 누구나 내가 판매를 하기 위해 이 회사를 다닌다는 것을 알 것이다. 그러나 방송인들은 이 원리를 필수적으로 이해할 필요도 없고 끝까지 모른 채 방송 생활을 종료하기도 한다. 그리고 때때로 이런 개념 없이 신념을 갖고 정말 좋은 콘텐츠를 위해, 대의를 위해 제작하고 출연할 때 더 좋은 퀄리티의 콘텐츠가 나오기도 한다. 그러나 현실적으로 말하자면 이 모든 것은 돈을 벌기 위한 행위이며 이 원리를 제대로 깨닫고 있는 사람만이 구조를 파악한다. 그렇다면 나는 여기서 어떤 역할을 할 수 있는지 그리고 나는 어떻게 이 매출에 기여할 수 있는지를 파악해야 된다.

나는 방송인을 직업으로 선택한 이상 방송 판에서 파는 사람이 되기로 결정했고, 어떤 플랫폼에서 어떤 캐릭터를 가지고 어떤 제품을 판매할지에 대해서 고민하기 시작했다. 그때 내가 처음으로 관심 가졌던 것이 홈쇼핑 쇼호스트였다. 고민 없이 시작했던 아나운서 생활, 나라는 사람에 대해서 고민하기 시작했고 내가 어떤 브랜드와 아이덴티티를 갖고 있는지에 대해 생각해보게 됐다.

4. 쇼호스트의 길, 라이브커머스로 시작한 내게 꽃길이었다

쇼호스트가 되고 싶다는 생각이 조금씩 들기 시작하고 어떻게 하면 준비할 수 있을지 고민하던 시절 기회가 생겼다. 당시 플랫폼으로는 꽤나 유명했던 판도라TV에서의 바이럴 모델 촬영이었다. 2017년까지만 해도 페이스북이 제일 인기 있는 플랫폼이었고 페북 광고가 대부분 바이럴 모델을 써서 진행되고 있었다. 사실 아나운서에게 가장 중요하다고 생각되는 것이 고고함과 우아함 품격이라고 생각되던 시절이라 아나운서를 준비하는 친구들은 지상파 방송 외에는 다른 활동은 지양하는 추세였다. 괜히 이 영상이 남아서 내가 나중에 아나운서가 됐을 때 문제가 되면 어떡하지? 내가 아무 촬영이나 함부로 했다가 나중에 이미지가 굳어버리면 어떡하지? 하는 등의 고민이 많았다. 나도 물론 이러한 고민을 했었고 아카데미 선생님께 자문을 구하기도 했다. 결론은 그냥 해보자였다. 내 생각만큼 영상 하나를 찍는다고 해서 세상에서 유명해지는 일이 그렇게 쉬운 일도

● 우연한 기회로 시작하게된 판도라TV 배틀커머스

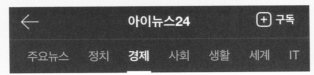

← **아이뉴스24** ⊞ 구독

주요뉴스   정치   **경제**   사회   생활   세계   IT

이 진행자에게는 쉽지 않은 일이지만 중소기업의
제품을 홍보하고 판매에 직접 도움을 주는 배틀커
머스에 참여할 수 있어 보람있었고 마이비가 우승
하게 되어 매우 기쁘다"고 말했다.

◇ 3차 배틀커머스 우승팀이 시상식 후 화이팅을 외치고 있다.

승자결정은 라이브방송 선호도지수(40%)와 방송
일을 포함한 3일간의 매출(60%)을 종합한 결과로
결정됐다.

아니고 뭐가 됐든 방송인은 대중에 많이 노출되고 얼굴을 알리는 게 가장 중요하다는 취지였다.

결론적으로 나는 흔쾌히 승낙해서 바이럴 모델을 하게 됐고, 이게 나중에 내 아나운서 지망생 시절 주요 수입원이 되기도 했다. 지금이야 모두의 우상이 된 유튜브 스타가 그때만해도 막 유명해지기 시작할 때였으며 유튜버에 대한 사람들의 인식도 지금과는 조금 달랐기 때문에 그때의 고민이 충분히 이해가 간다.

그러나 나는 전통적인 아나운서에서 벗어나 만능 방송인으로서의 꿈을 조금씩 꾸기 시작할 때라 바이럴 모델의 기회가 너무 소중했고 무엇보다 즐거웠다. 아나운서 리딩도 재밌었지만 연기를 가미해서 촬영할 수 있다는 것이 즐거웠고 내 재능은 대본과 함께 틀에 박힌 정석적인 방송보다는 날것의 예능에서 더 빛을 발한다는 것을 깨닫게 됐다.

그리고 2017년에 내게 운명 같은 판도라TV '배틀커머스'의 출연 기회가 왔다. 중소기업유통센터와 판도라TV가 함께 한 프로그램이었는데, 중소기업 제품을 쇼호스트가 하나씩 맡아서 1시간 동안 판매를 하고 판매가 더 많이 된 제품이 승자로 올라가는 토너먼트 형식의 방송이었다. 쇼호스트를 준비해 본 적도 없었고 어떻게 해야 팔리겠다는 인식도 없던 시절이었지만 매 방송 열심히 준비하며 판매했다. 그때 팔았던 제품이 지금은 유명해져 버린 '마이비밀 다이어트 도시락'인데 진짜 제품을 너무 좋아했었고 진심을 담아서 판매했다. 그리고 매 토너먼트에서 승리하여 결국 우승까지 해버렸다. 그리고 중소기업유통센터에 가서 우승자로서 시상도 하고 뉴스기사까지 났다. 그렇게 처음으로 판매에 대한 흥미, 그리고 재능을 알게 됐고, 지금의 라이브커머스의 시초격인 배틀커머스에서 좋은 시작을 하게 됐다. 그리고 CJ오쇼핑에서 국내 홈쇼핑으로는 최초로 모바일라이브 진행자를 뽑는다는 소식을 듣게 됐다.

당시에 CJ오쇼핑 모바일라이브의 컨셉은 흥미, 재미였다. 지금 돌이켜 봐도 그 방송을 기획하신 분들이 정말 존경스럽다. 어떻게 그렇게 미래를 빠르게 예측하셨나 싶을 정도다. 기존 홈쇼핑 진행자와는 다른 느낌의 진행자를 원했고 진행자의 이름도 쇼호스트가 아닌 '쇼크'였다. 잘 차려입고, 예쁘고 멋지게 진행하는 방송이 아닌, 1인 방송 같은 재밌는, 파격적인 방송을 추구하는 것이 방송의 모토였다.

스마트컨슈머가 늘어나면서 아무리 제품이 저렴하다고 말을 해도 직접 다 검색해보고 비교해보고 직구하는 사람들이 늘어나는 추세였다. TV 시청률은 점점 줄어들고 있는데, 모바일로 넘어가는 젊은층을 잡을 돌파구가 필요했다. 그러나 방송을 시청하면서 물건을 구매하는 게 익숙지 않은 젊은층에게는 한 시간 동안 방송에 집중할 수 있게 만들 리워드, 웃음 요소가 필요했다. 이걸 정확히 쇼크라이브는 간파했고 기획했다. 그리고 재미요소를 곁들인 오디션까지 진행했고 이 오디션은 콘텐츠로 편집되어 업로드됐다. 물론 나는 서류

● 쇼크라이브 예선탈락에서 이제는 메인 진행자로

에서 떨어졌다. 재미요소를 가장 중요하게 봤던 오디션이었던 만큼 나도 내 캐릭터를 정확히 살려서 각인시켜야 했는데, 그렇지 못했고 아나운서라는 타이틀에 갇혀서 나를 더 내려놓지 못했었다. 그런데 정말 운 좋게 한 번의 기회가 더 찾아왔다.

　쇼크라이브에서 고민했던 것이 캐스팅이었다고 했다. 막상 쇼크를 뽑아 놓기는 했지만 그렇게 많은 수는 아니었고 매일 같은 게스트를 쓸 수도 없는 일이었다. 시청자들에게 다양한 재미요소를 줘야하니 다양한 게스트가 필요했다. 그때 메인 진행자였던 유인석 쇼호스트님과 쇼크라이브 피디님께서 지원자 이력서를 보는데, 내가 가지고 있던 '판도라TV 배틀커머스 1등'이라는 타이틀이 눈에 띄었다고 했다. 그때 제안해주셨던 쇼호스트님과 피디님 덕분에 나는 쇼크라이브를 2018년도 11월에 처음으로 출연할 수 있었다. 그리고 그 기회가 너무나 간절했던 만큼 정말 열심히 준비했고 홍보했으며 방송에 몸을 던졌다. 그때 방송했던 제품이 '라비퀸떡볶이'다. 내 덕은 아니었겠지만, 제품이 완판되어서 택배가 지연됐고 그 덕분인지 그이후로도 방송에 간간이 불러주셨다.

나는 그 기회를 놓치고 싶지 않았다. 매 방송에 최선을 다했고 방송을 거듭할수록 어떻게 판매해야 할지 나만의 판매 전략도 생겼다. 그리고 모바일에서는 아나운서 같은 너무 과하고 어색하게 진행했던 모습을 버리기 위해 노력했다. 지금도 그렇고 예전에도 그렇고 내 방송 실력이 부끄러운데, 당시 PD님들께서는 잘한다며 굉장히 예뻐해 주셨다. 쇼크라이브의 식품방송 '뻔펀마켓'을 시작으로, '인싸쇼핑', '겟꿀쇼' 등에 출연할 수 있는 기회를 꾸준히 얻게 됐고, 나중에는 1주일에 3번 이상 방송을 하기도 하며 기존 쇼크라이브 우승자들보다 더 많은 출연 기회를 얻게 됐다. 그리고 방송 6개월만에 메인, 그리고 단독 진행의 기회가 주어졌다. 많이 부족했음에도 불구하고 기회를 줬던 곳이 CJ오쇼핑 쇼크라이브다. 수많은 좋은 기업들과 함께 방송할 수 있었고 어린 나이에 많은 기회를 얻었다. 그때 정말 많이 연습하고 공부하고 방송하면서 성장할 수 있었고 이를 기반으로 더욱 다양한 방송의 기회를 얻게 됐다. 후에 쇼크라이브의 많은 프로그램들이 생겼다 사라졌다를 반복하며 시행착오를 겪었는데, 나는 룰루라이프, 가치마켓, 키즈나우 등의 방송에 꾸준히 출연하면서 여전히 쇼크라이브와 함께 하고 있다. 나 스스로를 쇼크라이브의 딸, CJ모바일라이브가 업어 키운 자식이라고 표현하고 싶다.

CJ쇼크라이브를 계기로 방송에 대한 편견과 두려움이 많이 사라졌다. 내가 지레 겁먹고 날려버릴 수 있었던 기회들이 오히려 내게 큰 전환점이 됐고 결국 내 직업을 바꾸기도 한다는 것을 알게 됐다. 인생은 어떻게 될지 모르고 내게 오는 기회는 모두 잡는 게 맞다는 생각이 들었다.

그때쯤 새로 들어온 기회가 바로 위메프 60초 쇼핑이다. 중소기업유통센터에서 진행하고 있는 프로젝트였는데, 소상공인들의 제품을 60초 바이럴 영상으로 만들어서 제품의 상세 페이지 상단에 올려놓는 프로젝트였다. 지금 라이브 방송이 1시간짜리 형태의 홍보 콘텐츠로 활용된다면 60초 쇼핑은 60초의 기획된 v-콘텐츠로서 조금 더 빠르고 재밌게 소비되는 영상이었다.

수많은 중소기업 제품들이 있었고 나는 전속 모델로서 위메프와 함께 다양한 중소기업 제품들을 촬영했다. 그때 아나운서로서의 틀에 박힌 이미지를 정말 많이 버릴 수 있게 됐고 다양한 연기와 내레이션을 하며 모바일라이브 진행자로서 한 단계 성장할 수 있었다. 내 진짜 모습은 틀에 박힌 정적인 모습이 아니었다는 것을, 내 매력은 다양한 콘텐츠에서 다양한 끼를 분출할 때 더 나온다는 것을 알게 됐다.

● 위메프 60초 쇼핑 바이럴모델, 방송인은 뭐든 다양하게 하는 것이 최고

5. 예상치 못한 코로나 시대, 언택트 쇼핑으로 인한 라이브커머스 열풍

2020년 1월 그리고 2월부터 슬슬 중국발 코로나바이러스가 시작됐다. 라이브커머스가 조금씩 시작되고 있었지만, 이때의 코로나가 라이브커머스 열풍을 빠르게 앞당겼다. 금방 잠잠해질 줄 알았던 코로나는 해를 넘겨 올해까지 지속되고 있고 올해도 상반기가 끝나가지만 잠잠해질 기미가 보이지 않는다.

　살면서 본 적 없었던, 상품의 품절 사태, 마스크 대란 등이 일어났고 언택트 쇼핑을 즐겨 하지 않던 소비자층도 모두가 온라인으로 쇼핑하기 시작했다. 홈쇼핑은 이례적인 호황을 누렸고 동시에 모바일라이브가 대세가 될 것이라는 판단과 함께 엄청나게 많은 업체가

라이브커머스 시장에 뛰어들었다. 그리고 그때 라이브커머스 쇼호스트들이 생겨났다.

　각 홈쇼핑 별로 모바일을 시작한 상태이기는 했지만, 네이버가 시장에 진입하면서 판이 달라지기 시작했다. 네이버 스토어팜을 가지고 있는 사장님들이 쇼핑라이브를 진행하기 시작했고 대기업에서도 기획전을 시작했다. 카카오는 쇼핑라이브를 통해 완판 신화를 이어갔고, 쇼호스트 뿐만 아니라 연예인, 모델, 개그맨 등이 판매 방송을 시작했으며, 여기에 쿠팡까지 합류하며 라이브커머스가 대세라는 것을 입증했다.

2

차보경 아나운서
커머스 크리에이터 & 커머스 디렉터

1. 게임계의 여신에서 아나운서와 쇼호스트, 유통 세 마리 토끼를 다 잡다

게임계의 여신이라고 기재되었지만, 우리나라에 여러 여신이 있어서 그런지 신전에 자리가 없다고 한다. 게임계 옆집 누나 정도로 수정하겠다.

나도 남들과 같이 대학 시절 아나운서라는 직업을 꿈꾸며 여러 아카데미를 다녔고, 여기저기 면접 다니면서 티브로드 리포터로 방송을 시작했다. MC를 거쳐 운이 좋아 게임 방송국에 입사했다. 어느덧 방송 9년차, 게임업계 7년차에 접어들었다. 아나운서? 게임? MC? 쇼호스트와 유통이 전혀 상관없어 보이는데 어떻게 세 마리 토끼를 잡았을까?

2. 프리랜서 선언 후 다양한 경험

어린 시절부터 워낙 다양한 분야에 관심이 많았다. 얕고 넓음을 추구했으며, 취미도 단순히 즐기지 않고 깊게 파고들었다. 중학생 시절 야구를 굉장히 좋아해 대학생 때 야구 구단에서 객원 마케터로 활동했다. 또 게임을 좋아해 게임 아나운서까지 됐다. 관심 있는 이슈가 있으면 검색하며 하루종일 정보를 얻었다. 약간의 덕후 감성이 있어서 조금이라도 관심이 생기면 꼭 알아야 하는 성향이었다.

방송 생활과 내 경험을 다 얘기하고 싶지만, 이번 책의 주제는 라이브커머스이니 관련된 이야기만 풀어 보려고 한다. 게임 아나운서로 활동하면서 다양한 분야의 사람들을 많이 만나며 덕분에 시야가 넓어졌고 하고 싶은 일들도 많아졌다. 입사 당시에는 방송이 굉장히 많아서 숨을 쉴 수 없을 정도여서 현실에 주어진 일만 실행하기에 급급했다. 항상 가슴 한켠에 다양한 것을 하고 싶다는 생각만 했다.

어떠한 사건으로 회사 방송팀은 점점 축소되고 방송도 자연스럽게 줄게 됐다. 앞서 말했듯이 하고 싶은 일이 많았던 나로서는 견디기 힘든 시간이었다. 가장 활발하게 활동하고 싶은 나이 27살에 나는 퇴사를 결정했고 프리랜서 선언을 했다. 감사하게도 퇴사 전부터

영화와 행사 아나운서, 쇼호스트, 홍보대사, 게임 모델 섭외가 이어
졌고, 쉼 없이 달리는 회사 생활이 이어졌다. 이후 게임 방송을 같이
진행하던 지인들의 영향을 받아 1인 방송을 시작했다. 스트리밍 플
랫폼에서 개인방송을 진행하며 유튜브도 운영하고 편집도 직접 배
워서 했으며, 혼자서 스트리밍 프로그램을 이용해 다양한 시도를 해
보며 실시간 스트리밍 방송에 대해 많이 배울 수 있는 시간이었다.

나름 열심히 한다고 했는데 콘텐츠와 타깃 설정이 중구난방이라 정체되는 순간이 왔고, 여러 행사로 인해 집중하지 못했던 시기였다. 때마침 게임 업계에서 믿고 따르던 대표님이 지금의 회사와 연결시켜주었고, 이를 계기로 나의 고군분투하던 외로운 프리랜서 생활은 끝났다.

3. 뉴미디어 팀장으로 시작된 방송 인생 제3막 시작!

우연히 한번의 미팅으로 갑자기 IT · 게임동아, 뉴미디어 팀의 팀장으로 입사하게 됐다. 자율 출퇴근, 재택근무 권장, 개인사업자 가능, 외부 활동. 프리랜서 생활 인정, 이것이야말로 꿈의 직장이 아니던가? 몇 번의 조율을 끝내고 입사했다.

　IT와 게임을 다루는 매체로서 기사와 관련된 영상에 출연하고 제작했다. 주 업무인 방송출연과 유튜브를 운영하면서 경험한 영상 제작 노하우가 큰 도움이 됐다. 물론 실질적인 제작은 하지 않았지만 보는 눈과 감이 생겼다. 점점 영상 장르와 스케일이 커지면서 팀원은 꾸준히 늘어나 실장이 되었다.

그로부터 홍보영상, 바이럴 영상, 온라인 강연 생방송, 예능 프로그램까지 섭렵했고, 만 1년이 되지 않은 뉴미디어실이었지만 빠른 시간 내에 성장을 이뤘다.

소비자에서 판매자로, 아나운서에서 쇼호스트로

나는 물건을 사기만 했지 팔아본 적은 없었다. 판매는 고등학생 때 수능 끝나고 대학 가기 전 잠깐 가방가게에서 아르바이트 했던 것이 전부였다. 하지만 사는 건 그 누구보다 자신 있는 프로소비러 출신, 인스타그램이나 페이스북 등 SNS에서 유명하다고 하는 제품은 다 샀지만 구매했던 제품 중 성공했던 건 거의 없었던 것 같다. 못으로도 찢어지지 않는다던 스타킹은 착용하다 내 손톱에 찢어졌고, 통통하고 싱싱하다던 새우장은 흐물흐물해서 다 버렸던 기억이 떠오른다. 그 뒤로도 다른 제품들을 몇 번 샀는데 딱히 큰 메리트를 못 느껴 실망이 컸다.

그후 SNS 광고나 판매 제품에 대한 신뢰가 많이 깨졌다. 앞으로는 광고에 속지 않겠다는 다짐을 하고 온라인으로 물건을 구매하지 않거나 구매하게 된다면 기존에 사용하던 제품만 구매해서 썼다. 당시 SNS 협찬 광고가 활발하게 이루어지고 있었는데 나에게도 협찬 의뢰가 꽤 많이 들어왔다. 그중 검증된, 평가가 좋은 제품 위주로만 받았었다. 실제로 받아 보니 엉망인 제품도 있어서 당황했지만, 협찬사의 요청과 내 개인적인 의견을 적절하게 섞어 업로드 했다. 나

의 게시물이고 내가 생산한 콘텐츠이기 때문에 하나하나 신경 써야
한다고 생각했다.

열심히 구매만 하던 시절, 프리랜서로 인플루언서 회사에 소속
됐었는데, 출시 예정인 콜라겐 젤리 공동구매를 제안받았다. 공구를
해본 적이 없었던 나는 부담스러워서 몇 번을 거절했지만 편하게 시
작해보라는 요청에 제품 테스트를 해보고 새로운 도전을 했다. 게
임 아나운서가 갑자기 무슨 콜라겐 공구라니, 팔이피플이라는 부정
적인 인식도 있었고 SNS 광고에 속았던 씁쓸한 기억이 있어 선뜻할
수 없었지만, 제품이 맛있고 나름 괜찮은 것 같아서 진행했던 기억
이 있다.

소속 인플루언서들이 판매하고 보내준 가이드라인에 의견만 넣
으면 될 것 같아서 쉽게 시작했던 첫 공동구매다. 지금 생각해보면

나를 믿고 구매했던 팔로워들에게 매우 미안한 감정이 든다. 회사에서 주는 자료와 전문적인 자료가 아닌 소비자 입장에서 대충 사용해본 후기로 공동구매를 했으니 '얼마나 허술하고 부족했을까?' 후회하고 있는 부분이다. 좋은 소구 포인트들도 많았는데 남들 다 이렇게 하니까 차별성 없이 진행했었다. 이후 구경만하거나 남 일이라고 생각하고 구매만 했던 SNS 쇼핑 시장에 눈을 뜨게 됐고 직접 판매하지 않더라도 유심히 보게 되면서 아예 시각이 달라졌다.

일년 뒤 공구를 다시 하게 됐다. 이번에는 하고 싶어서 먼저 제안을 했다. 프리미엄 액체 영양제였는데, 회사 생활을 하면서 정말 몸이 힘들고 체력이 떨어져 영양제를 찾던 중 공구하던 걸 보고 '아, 나도 저거 먹고 싶다. 근데 좀 비싸네?', '내가 팔면 공급가에 가져오고, 판매하면 수수료도 벌 수 있잖아?'라는 생각에 시작하게 됐다.

먼저 세 달 분량을 구매하고 판매를 시작했다. 콜라겐 젤리를 판매할 때는 자료 공부도 부족하고 자신이 없었는데, 이 제품은 내가 정말 원했고 좋은 제품이라는 생각에서 자신감이 붙었다. 그런 진심이 느껴졌는지 굉장히 많이 판매됐다. 이런 일을 겪으면서 판매라는 것이 어려운 것이 아니며, 진정성이 중요하다는 것을 느끼게 됐다.

나의 첫 라이브커머스

어릴 적부터 알고 지낸 쇼호스트 언니가 있었다. 그 언니는 홈쇼핑 회사를 그만두고 아카데미와 에이전시를 운영하고 있었다. 부산 출장 건이 생겨서 첫 번째 섭외 의뢰가 왔는데, 그날 다른 방송 스케줄이 있어 응하지 못했다. 이후에 또 부산 출장 라이브커머스 방송이 있다고 연락이 와서 스케줄 조정 후에 하겠다고 했다.

그동안 게임 아나운서로 활동하며 행사나 방송 출연의 기본 페이가 있었는데, 이번 건은 지방 출장에 새벽에 움직이는 것인데도 기존에 받던 페이보다 훨씬 못 미쳤다. 이유는 기존 시장과 비교해 라이브커머스 시장의 임금이 낮고, 내 커머스 패션 방송이 처음이라는 점을 업체와 에이전시도 알기 때문에 그걸 감안해서 낮게 책정된 것이었다. 에이전시 언니가 사전에 정보 교육을 시켜주는 것까지 하면 새로운 도전을 좋아하는 나에게는 나쁘지 않은 제안이었다. 돈은 언제든 벌 수 있지만 값진 경험은 자주 있는 것이 아니므로 큰 결심을 했다. 돈 주고도 못할 경험을 돈 받고 할 수 있다니 이 얼마나 감사한 일인가?

사전 실물 미팅하고 제품 정보 받고 브랜드에 대해서 공부하고 정가와 할인율 체크, 에이전시 대표님과 수업을 하다 보니 금방 방송날짜가 다가왔다. 부산으로 내려가기 전 헤어, 메이크업을 받아야 하기에 새벽 3시에 일어나서 세팅하고 기차를 타고 부산으로 향했다. 기차 안에서도 회사 업무를 계속하면서 쉬지 못해 컨디션이 좋지 않았다. 도착해서 바로 첫 번째 리허설, 점심 먹고 잠깐 쉬고 두 번째 리허설, 의상 교체 등등 정신없이 지나가고 드디어 생방송이 시작됐다. 옷 갈아입고 설명하고 하다 보니 벌써 한 시간이 지났고 그렇게 첫 라이브커머스가 끝났다.

방송 9년차, 생방송이 가장 쉬웠어요

게임 방송 특성상 대부분의 방송을 생방송으로 진행했다. 하루에 생방송만 세 개를 한 적도 있고 주 11개의 방송을 진행한 적도 있었다. 오전에는 뉴스 녹화, 오후에는 게임 예능 생방송, 주말에는 게임 리그까지 거의 월화수목금금금이었다. 오전 9시에 출근해서 다음날 새벽 1시에 퇴근할 때도 있었다. 지금까지 진행한 생방송만 1,000편이 넘고 뉴스나 녹화 방송은 3,000편이 훨씬 넘는다.

생방송을 하면서 여러 가지 일을 많이 겪었다. 녹화방송을 더 많이 하긴 했지만 생방송으로 예능과 리그, 인터뷰, 진행과 같은 런타임이 긴 방송을 진행하면서 크고 작은 방송사고를 많이 경험했다. 물건이 떨어지거나 마이크가 나오지 않는 것은 애교 수준이고, 지금 당장 발표해야 하는데 프로그램이 멈추거나 자료가 늦게 전달되어 시간을 끌면서 식은땀이 줄줄 흐른 경험도 있고, 벌칙으로 먹은 캡사이신 때문에 화장실로 달려가 구토를 한 적도 있었다. 벌써 9년차라는 게 믿기지 않을 만큼 정신없이 지나간 방송들이었고 앞으로도 그럴 것 같다.

과거는 주어진 밥상을 맛있게 먹었다면 앞으로는 같이 차려서 맛있게 먹고 싶은 게 나의 목표다. 1인 스트리밍을 하면서 직접 생방송을 세팅하고 게임대회를 만들어 이끌어 갔던 경험들이 지금 라이브커머스나 다른 방송을 할 때 큰 도움이 되었다고 생각한다.

쏟아지는 라이브커머스 관련 미팅

라이브커머스라는 단어가 생기기 전부터 스트리머 시절 생방송에서 물건을 판매한 적이 있다. 당시 구매 링크로 유도하며 생방송을 진행했다. 그 이후 까맣게 잊고 있었는데 최근 붐이 생기면서 에이전시, 알고 지냈던 유통사, PD님들까지 많은 연락이 왔다.

　게임 방송하면서 알고 지냈던 대표님이 틱톡MCN을 같이 운영하고 계셨고, 나와 전속 라이브커머스&틱토커로 계약하자고 제안해 주셔서 미팅을 다녀왔다. 주변의 많은 게임 프로덕션에서도 라이브커머스 제작사로 변해가는 곳도 많고 라이브커머스로 확장하고 싶어 내게 의뢰하는 곳도 많았다. 수많은 게임방송을 제작하면서 습득한 기술이 얼마나 화려하겠는가? 실제로 라이브커머스로 넘어와서 다른 제작사와 비교도 되지 않는 기술력을 뽐내는 게임 프로덕션을 보았다. 이뿐만 아니라 코로나바이러스로 타격이 큰 공연, 예술계에서도 커머스 전쟁에 참여했다. 최근 주변에서 방송이나 미팅을 가도 모두 커머스 얘기가 많다. 시장이 그만큼 넓어지고 있고 그에 맞게 유연하게 움직이고 있다.

4. 라이브커머스 결심 스마트 스토어 개설

이런 일련의 과정을 통해 많은 것을 느꼈다. 바로 이 시장은 유연하고 지속적이며 더 커질 것이라는 사실이었다. 여기서 나의 장점은 무엇일까?

방송 · 생방송 · 프로소비러

주변에 이 분야를 이해하고 함께하는 사람이 있기에 가능했다. 항상 새로운 도전을 원하는 나에게 이번 일도 심장이 뛰는 일 중 하나가 됐다. 원래 있던 사업자에 전자상거래를 추가하고 통신판매업을 신청했다. 또 건강기능식품 판매 자격증도 발급받았다. 고민과 결심, 스토어 오픈까지 3달 정도 걸린 것 같다. 오히려 조금만 더 빨리 고민했다면 셀렉티브 시절이라 라이브커머스를 더 빠르게 오픈할 수 있지 않았을까? 고민은 시작을 늦출 뿐이다.

다양한 꿈을 꾸는 다른 사람들

나는 현재 다른 꿈을 꾸는 다양한 사람들과 함께 하고 있다. 나의 본업은 방송 진행자이다. 나아가 뉴미디어실을 운영하며 영상을 만들고 있다. SNS와 유튜브를 운영해 정보를 공유하고 소통하고 있으며 여러 브랜드 SNS 마케팅을 진행하고 있다. 영상팀 운영은 연차가 쌓이다 보니 주어졌고 아직도 많이 부족해서 공부하고 배우는 중이

미마라이프 X 카엘커피 미스터카엘

1. 인스타그램 셀러 교육

2. 인스타그램 게시글 확산 및 인플루언서 포스팅 대행 진행

3. 신규 제품 기획 및 브랜딩

4. 브랜드 공동구매 진행 대행 (브랜드 마케팅 대행)

한 분야의 전문가는 현재 많지만, 제품의 탄생부터 최종 소비자에게 도달하는데까지 모든 단계를 커버할 수 있는 사람은 많지 않다고 본다. 이것이 필자의 경쟁력이라고 생각하며, 이에 더하여 전문 분야를 제품 기획과 브랜드 마케팅에 초점을 맞추어 다양한 신제품을 개발하고, 고객에게 매력적으로 다가가는 스토리를 만들기 위해 계획 중이다.

최근 SNS를 통한 판매에 대한 교육 콘텐츠나 책을 보면 매출액에 초점이 맞춰진 게 아쉬웠다. 밤낮 없이, 누구든 열심히 하면 연매출로 몇 억을 버는 것은 그리 어려운 일이 아니라는 것을 알게 될 것이다. 중요한 것은 매출보다 순이익이다. 물건을 많이 팔았는데도 남는 게 없다는 사람들을 간간히 본 적이 있다. 따라서 지난 11개월간 주말 없이 고군분투하며 체득한 지식과 경험들을 이 책을 통해 나누고 싶다. 그래서 독자들이 필자가 정보를 찾기 위해 쏟았던 시간들을 줄였으면 좋겠고, 불필요한 시행착오도 줄였으면 하는 바람이다.

4
최유진
금융 전문가에서 이커머스 마케팅 전문가,
브랜드 기획가가 되기까지

1. 나는 SNS 마켓과 라이브커머스에서 답을 찾았다

2019년 2월, 내가 첫 사업자를 냈을 때 10년 이상 본업으로 쌓아오던 금융업계 커리어를 부업으로 만들고 내 본업 커리어를 전향할 것이라고 전혀 상상하지 못했다. 일본에서 공부를 마치고 귀국하여 고향도 아닌 서울에서 자산관리사 일을 할 때도 SNS로 일상을 공유하고 소통하는 것으로 전국의 많은 사람들을 고객으로 유치할 수 있었다. 흔히 몸이 고생하는 '발품'을 파는 것이 아닌, '손품'을 파는 것의 업무 효율성을 느낄 수 있었고 스마트폰 하나만 있으면 시간과 장소에 구애받지 않고 일을 할 수 있었기 때문에 커머스에 대한 관심은 전혀 없었다. 하지만 3권의 책을 내고 경제방송을 생방송으로 5년

이상 출연하면서 라이브로 많은 사람들에게 유익한 정보를 전달하고 나의 영향력으로 좋은 피드백을 준다는 것에 보람과 희열은 느끼게 되었다.

라이브커머스가 대부분 유형자산인 제품을 취급하는 일이 주된 일이라면, 나는 이미 오래전부터 쉽지 않은 무형자산을 라이브로 판매하는 커리어를 쌓고 있었던 것이다. 실제로 해외주식이나 펀드, 보험 관련 방송을 하고 나면 시청자들이 실시간으로 방송국에 문의를 남겨서 방송이 끝난 후에 상담하면서 고객이 된 케이스도 많았다. 돌이켜보면 라이브커머스의 시작이었던 것이다.

SNS를 꾸준히 하다 보니 소통하는 사람들이 늘어나면서 소위 말하는 인플루언서 대열에도 들어가게 되었고, 처음에는 단순히 제품이나 서비스를 협찬받다가 계정이 커지면서 마케팅 에이전시를 통하거나 브랜드에서 다이렉트로 광고비를 지불하고 홍보를 부탁해왔다. 그런 활동들을 부수적으로 하다 보니 SNS를 통한 부수입을 창출하는 것에 대해 재미를 느꼈다.

해를 거듭할수록 인스타그램 마켓이 활성되면서 2018년쯤에 단순 광고나 협찬이 아닌 마켓을 통한 제품 판매 제의가 엄청나게 들어왔는데 처음엔 모두 거절했었다. 나 또한 펀드, 대출상품, 보험상품, 경영 컨설팅 등 무형자산과 서비스를 '판매'하여 수수료를 취득하는 것을 업으로 삼고 있었음에도 불구하고 왜인지 모를 금융상품 컨설팅을 통한 판매는 '멋있는 일'이고 식품이나 화장품 등 유형자

산을 판매하는 일은 내가 아닌 아무나 할 수 있는 일이라는 착각에 빠져 있었다. 그러다가 지속적으로 제안을 받게 되면서 '시장이 변하고 있구나! 이렇게 제안하는 브랜드사가 많다는 것은 결국엔 필연적으로 커머스로 전환되어 모두가 하게 되겠구나!'라는 인사이트를 얻게 되었고, 더는 지체없이 2019년에 마음을 먹고 사업자를 냈다.

SNS 마켓의 가장 큰 장점은 초기 투자금이 필요 없어서 어차피 밑져야 본전이고 사업자가 없어도 시작할 수 있는 플랫폼이나 방법이 많기 때문에 마음만 제대로 먹으면 누구나 시작할 수 있다는 점이다.

사무실도 직원도 없이 혼자서 개인 일상을 기록하던 인스타그램 계정에서부터 시작했다. 처음에는 사진을 예쁘게 찍어서 올리고, 제품의 특장점에 대해 설명하고 판매 링크를 달면 되겠지라는 막연한 생각으로 추진력 있게 시작했다. 인기가 많은 마켓이나 SNS 마케팅을 통해서 성공한 브랜드를 서칭하여 벤치마킹 하면서 배워 나갔다.

기존에 해오던 본업인 경영 컨설팅은 일반인들이 다가오기 다소 무거운 주제라 부담 없는 주제로 일상 소통을 하려고 〈여자는 애플힙〉이라는 운동법 공유 책도 냈다. 그러면서 본업도 열심히 하고, 자기관리와 몸매관리도 열심히 하는 현 시대의 바람직한 커리어우먼으로서 좋아해주는 팬층이 생기면서 자연스럽게 이너뷰티, 건강, 다이어트 관련된 제품을 소개하고 판매하였는데, 반응이 오기 시작했다.

사업자를 낸 첫해에 연매출 10억대를 기록했고 2021년인 지금은 인스타그램 세포마켓을 통해 확장성 있는 유통사업을 하면서 매출 신장을 가져왔다. 사무실도 직원도 장비도 따로 없었지만, 상품 소싱, 콘텐츠 제작, 마케팅과 홍보, 고객관리를 전부 스마트폰 한 대로 운영하고 있다.

2. 내 물건만 팔다가 물건을 공급해주며 유통에 제대로 눈을 뜨다!

1980년대부터 활성화되었던 화장품 방문판매 조직은 현시대의 인스타그램 세포마켓과 굉장히 유사하다. 서로 정보를 공유하고 수다를 떨면서 형성된 신뢰감은 제품 판매로 이어졌다. 진정성 있는 소통과 신뢰, 그리고 연대 의식이 그들의 판매 비결이었다. 30년이 지났지만 미디어와 매체의 변화일 뿐 그 본질은 같다. 소비자들은 시대를 막론하고 믿을 수 있는 판매자에게 좋은 제품을 소비자가 보다 더 저렴하게 구매하기를 원한다. 초연결시대에 사는 우리는 IT의 발달로 소비문화가 고도화 되면서 예전과 달리 제품과 브랜드는 홍수처럼 넘쳐나고 관련된 정보도 손쉽게 얻을 수 있지만, 검증되지 않은 판매자들도 그만큼 많아졌다. 따라서 소비자들은 점점 더 구매에 신중해지고 생각이 복잡해져서 의지하고 신뢰할만한 판매자가 더욱 절실해지게 되었다.

처음엔 브랜드사에서 직접이나 밴더사를 통해 제품을 다이렉트로 공급받아 물건을 판매했었는데, 내가 판매하는 제품들을 어디서 공급받았냐고 물으며 관심을 갖는 셀러들도 많아지고 그런 셀러분들을 관리하게 되다 보니 자연스럽게 밴더가 되었다. 이것이 바로 세포마켓이라고 얘기하는 SELLCELL MARKET이다. B2B와 B2C, C2C로 업체와 소비자 간의 경계가 허물어진 진정한 유통의 패러다임이 바로 지금 우리 사회이다. 초연결시대를 사는 우리는 스스로가 인간 플랫폼이 되면 자연스럽게 비즈니스 확장성은 커지게 된다.

현재 나와 매일 거래를 하는 고객들 중에는 소비자였다가 셀러로, 셀슈머가 된 케이스도 많다. 인스타그램 중 마켓을 활용하지 않는 주변 지인들이나 친구들에게 좋은 제품을 소개해주고, 소비자는 셀러들이 받는 좋은 공급가에 물건을 위탁으로 구매할 수 있어서 처음엔 본인이 내돈내산으로 소비자로서 제품을 구매한다. 그러다 지속적인 재구매를 통해 필자와 신뢰가 쌓이게 되면 셀슈머가 되고,

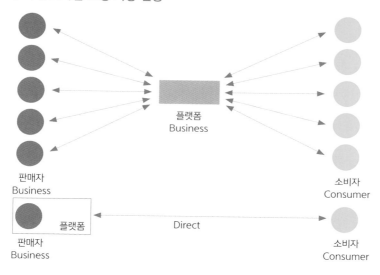

● 국내 모바일 쇼핑 시장 현황

판매자
Business

소비자
Consumer

플랫폼
Business

플랫폼

판매자
Business

소비자
Consumer

Direct

셀슈머를 통해서 매달 순수익 50만 원에서 100만 원 정도의 부수입을 버는 N잡러들도 있다. 그리고 나와 같은 업을 하는 밴더사들과 함께 서로 가지고 있는 좋은 제품들을 품앗이 개념으로 셰어하면서 플랫폼의 가치를 더 높이는 어벤져스 전략도 함께 하고 있다.

투자의 세계는 제로섬이 있다. 누군가 이기면 누군가는 지는 싸움이다. 그래서 다들 망설여진다. 달콤한 수익도 있지만, 리스크 관리가 되지 않았을 때는 손실도 막심하기 때문이다. 하지만 모두가 WIN-WIN 하는 비즈니스가 있다면 하지 않을 이유가 없다. '인간 플랫폼'에서는 가능한 일이다.

　실제로 연결시켜 준 곳에서 그만한 대가를 제공받고 또 제대로 된 인맥과 지식을 연결해주었을 때는 나의 신뢰도가 더욱 높아진다. 높아진 신뢰도는 또 다른 일과 기회를 제공해주기도 하고 나만의 확실한 팬들이 생겨 영향력 있는 사람이 되는 길이 되기도 한다. 또한 연결받은 업체는 나의 신뢰도를 통하여 이 많은 정보의 홍수 속에서 제대로 된 옥석 같은 업체를 발굴할 수 있고, 상당 부분 전달할 수 있다. 내가 연결해준 업체나 또다른 사람은 자기 업체의 수익이 되니 서로 WIN-WIN이 되는 것이다. 이로써 나는 무형자산의 플랫폼에서 유형자산까지 섭렵하는 사람이 되었다.

3. 여러 제품 판매를 시작으로 제품 제조까지

금융이나 마케팅, 컨설팅만 해왔던 내가 직접 제품을 만들어본다는 것은 상상도 못했던 일이었다. 다양한 제품들을 인플루언서 시딩으로 협찬받아서 광고도 해보고 다양한 마켓 제안을 통해서 나에게 맞는 제품을 선정해 꾸준히 판매도 하다 보니 나에게도 기회가 찾아왔다. 나의 브랜드를 만들어준다는 제안이었다.

필자는 평소에 운동하며 건강관리와 몸매관리를 잘하는 바쁜 커리어우먼의 모습이라서, 간편하게 항상 들고 다니면서 자기관리를 할 수 있는 제품에 대한 니즈가 굉장히 많았다. 판매력이 되는 커머스 크리에이터와 콜라보하여 다이어트 하는 여성의 영양 밸런스도 채워주면서 포만감을 주고 체지방 감소에 도움을 주는 다이어트 제품을 기획하여 만들게 되었다. 보통은 건강기능식품을 광고나 판매만 해봤기 때문에 직접 제조한다는 것은 쉬운 일이 아니었다. 제조사 컨텍부터 견적 받고 샘플링 하는 과정까지 여러 번을 거친 후에 '내가 소비자라면 이 제품을 내돈내산으로 살 수 있을까?'라며 끊임없이 테스트하고 고심하여 제품이 나오는 날 공장을 방문했을 때는 마치 열 달을 품고 낳은 아기를 보듯 가슴이 뭉클하고 눈물이 났다.

불과 반년만의 성과였다. 세포마켓에 대한 무궁무진한 가능성은 이제부터 시작이다. 블로그 1세대 대열에 들어서 쇼핑몰 창업은 하지 않았지만, 누가 더 오래 했냐 보다는 누가 어떻게 트랜드를 빨리

필자가 2020년 8월부터 2021년 2월까지 기획해서 론칭하여 성공시킨 다이어트 건강기능 식품과 리빙 브랜드 forlif / bietto

캐치 하고 시장이 원하는 대로 반응하고 대응했는지가 중요하다.

"강한 자가 살아남는 것이 아니라,
살아남는 자가 강한 것이다"

4. 브랜드 제조, 마케팅, 판매 '원스톱 클리어' 되게 만드는 능력

1990년 초반에 IT 혁명이 일어났다. 이와 더불어 소프트웨어 거물들 사이에 지배권 다툼이 벌어졌는데 이는 매우 의외의 형태로 이루어졌다. 핀란드의 엔지니어 리누스 토발즈가 리눅스 운영체제의 핵심요소를 개발한 후 인터넷에 그 프로젝트의 완성을 도와달라는 글을 올렸던 것이다. 리눅스는 특허받은 소프트웨어인 윈도우와 달리 1980년대 초반에 이 분야의 선구자인 리처드 스톨만이 만든 프리 소프트웨어 공개 정신을 바탕으로 한 오픈소스였다. 이에 따르면 리눅스를 이용해 누구나 돈을 벌 수 있고 판매를 할 수도 있지만, 누구나 소스코드를 무료로 사용할 수 있도록 공개해야 한다. 오늘날 리눅스는 델, 레드햇, 선 마이크로시스템스, 노키아 같은 협력 업체와 배급 업체를 기반으로 몇십억 달러의 매출을 올리는 기업으로 성장했다.

위의 리누스 토발즈가 리눅스의 운영체제를 완성시키는 데 커넥팅 기술을 요구했고, 이에 따라 모두가 하나 되어 새로운 것을 개척하고 성공시킨 대표적인 사례이다.

인간 블록체인에서 가장 중요한 역량 중 하나는 '리더십'이다. 어떤 분야이든 리더는 모든 사람들이 효과적으로 함께 일할 수 있도록 해주는 실용적이고 검증된 방식을 찾는 사람이다. 인간 블록체인이 가진 가장 큰 장점은 커넥팅 기술이지만, 결국에 이 커넥팅 기술이

빛을 발하려면 커넥팅 된 모든 사람, 정보 등이 '하나 되어' 일할 수 있도록 만드는 효과적인 방법이 있어야 한다.

우리는 매일 수많은 사람들과 협력하며 살아간다. 다양한 조직과 부문에서 서로 다른 국가의 서로 다른 배경을 가진 사람들이 무언가를 나누고 힘을 합친다. 이렇게 함께 문제를 해결하고 혁신하고 협력하는 사람들 덕분에 세상은 계속 진보한다. 역사적으로 봐도 협력이 인류의 생존과 진보를 좌우했다는 점을 알 수 있다.

협력은 우연히 이루어지기도 하고 의도적으로 하기도 한다. 그런데 규모가 큰 대기업이나 조직의 경우 의도적인 협력에 대한 지식은 여전히 일반적인 수준에 머물러 있는 경우가 많다. 우리 인간들의 행동에 대한 연구가 상당히 진척되어 있음에도 불구하고 협력에 대한 연구는 '하나 되어' 일하는 것이 아닌 단순히 힘을 합치는 수준에 초점을 맞추고 있는 것처럼 보인다.

'하나 되어'라는 말은 참 간단한 말이다. 그러나 이 짧은 말 속에 통찰력 있는 개념과 영감이 넘쳐 흐른다. 이 말은 개인으로 이루어진 집단과 단결된 팀이라는 차이를 만들어낸다. 개인의 행동이 집단의 힘으로 바뀌는 것을 상징하기도 한다. 개인이 힘을 합치면 놀라운 일을 해낼 수 있다.

커넥팅 되어 하나가 되면 창조할 수 있고, 개척도 가능하고 일 처리도 스마트 하게 할 수 있다. 또한 변화할 수 있고, 혁신할 수 있으며, 운영, 관리 등 많은 것이 효율적으로 변하게 된다. 이것이 올바른 인간 블록체인이 되었을 때 낼 수 있는 여러 가지 시너지다.

'나는 가능성이 막 실현되려는 순간이 좋다'

라이브커머스
기획 셀러 시작하기

Part3에서는 제조, 대행사 방송에서 단순 진행만 하는 것이
아닌 직접 스토어를 오픈하고 운영하는 노하우를 소개하고,
Part4에서는 라이브커머스 실전 진행 꿀팁으로 이어간다. 이
제부터 눈 크게 뜨고 '지금 당장 라이브커머스 시작하라!'

* 기획 셀러란 : 본인의 채널에서 직접 기획하고 판매, 발주까
지 진행하는 사람을 말한다.

1
라이브커머스
시작하기

대부분의 사람들이 "라이브커머스는 전문가들만 하는 거 아냐?" 이렇게 말한다.

넓은 스튜디오, 여러 대의 카메라, 카메라 감독, 방송을 기획하는 PD, 내용을 정리하는 작가, MD, 판매 상품 담당자 등등 전문적인 방송, 홈쇼핑을 생각하지만, 내가 생각하는 라이브커머스는 다르다. 내가 아는 대부분의 사람들은 쉽게 시작했으며 잘 운영하고 있다.

보통 물적, 인적 자원이 많이 들어가게 되면 자연스럽게 진입장벽이 높아진다. 따라서 실질적인 판매를 하고 싶으면 쇼호스트가 돼서 방송을 진행하는 수밖에 없다. 내가 기획하고 방송을 진행한 제품이 많이 팔리고 거기에 대한 RS Revenue Share까지 받을 수 있다면? 고정 출연료를 받고 하는 것보다 훨씬 재밌지 않을까? 그동안 '라이

브커머스는 어렵다. 거창하다. 비용이 발생한다. 나는 못한다.' 같은 생각들을 갖고 있었다면, 이 책을 계기로 '나도 할 수 있겠는데?'라는 자신감이 생겼으면 좋겠다.

1. 어디서 판매해볼까?

자, 그럼 이제 라이브커머스를 시작해 보자.

가장 먼저 어떤 게 필요할까? 판매를 진행할 물건과 판매 창구일 것이다. 라이브커머스에 관심 있으면 다 알겠지만 우선 네이버, 카카오, 쿠팡, 그립, 티몬, 더립, 보고, 소스 등등 많은 플랫폼이 있다. 앞으로 새롭게 생기는 플랫폼도, 사라지는 플랫폼도 있을 것이다.

워낙 빠르게 진행되고 있는 시장이라 확신은 불가능하다. 이런 시대의 흐름에서 가장 중요한 건 유연함이다. 플랫폼마다 장·단점은 있겠지만, 간단히 얘기하자면 대형 플랫폼일수록 시청자도 많고 판매자도 많다. 따라서 판매자 시스템과 방송 업데이트가 용이한데 반해 작은 플랫폼은 빠른 피드백은 받을 수 있지만 빠른 수정이 불가능하다. 또 시청자가 한정적이라 신규 유입을 기대하기는 어렵다.

오늘 구매한 시청자가 내일 또 와서 같은 제품을 구매하겠는가? 모든 플랫폼의 중요한 점은 시청자 순환이 포인트다. 한 사람의 구매력은 한계가 있고 같은 제품이나 카테고리는 자주 팔리지 않아서 텀을 두고 판매가 이뤄진다. 계속 신규 구매자가 유입되어야 한다는 것이다. 본인의 성향과 특색이 맞는 곳을 선택해서 방송하는 것을 추천한다.

라이브커머스는 네이버쇼핑라이브나 그립, 카카오TV, 쿠팡 등 라이브커머스 전문 특정 플랫폼 방송만을 지칭하는 것만은 아니다. 현재 유튜브에는 커머스 기능이 없지만, 구매 링크를 고정 댓글로 올려놓고 생방송 스트리밍을 라이브커머스처럼 진행하면 그게 바로 라이브커머스이다. 인스타그램은 라이브방송으로 제품을 소개하고, 프로필 링크 판매 페이지로 이동시킨다. 트위치, 아프리카TV 같은 플랫폼도 모두 마찬가지다. 내가 현재 방송하고 있는 플랫폼에 라이브커머스 기능이 들어올 때까지 기다리지 말고, 방송 등급 채우려고 발버둥 치지 말아야 한다. 지금도 당장 시작할 수 있다.

2. 사업자등록증 신청하기

플랫폼 입점 신청을 하려면 사업자등록증과 통신판매업신고증, 사업자용 통장, 때에 따라서는 신분증 사본까지 요구하는 곳도 있다. 이렇게 나열해보니 꽤나 머리 아픈 명칭들이다. 이 모든 것들은 집에서 쉽게 발급할 수 있다.

먼저 사업자등록증을 발행해보자. 포털사이트에서 '국세청 홈택스'를 검색 후 사이트로 이동한다. 기존에 사용하던 계정이 있으면 로그인을, 없으면 회원가입부터 한다. 로그인했으면 메인 화면 우측 하단의 [사업자등록]을 눌러준다. 그리고 좌측상단에 있는 [(개인)사업자등록 신청하기]를 눌러준다. 필요에 따라 법인으로 변경해도 된다. 인적사항 입력에서 '상호명'과 '개인정보'를 입력하고 사업장을 선택한다. 실거주지에 신청하는 거라면 임대차 계약서를 올리지 않아도 된다. 만약 사무실이 있다면 추후 해당 사무실 계약서를 첨부해야 한다.

업종 선택으로 가보자. 우측의 [업종 입력/수정]을 누르고 업종코드에 '525101'을 입력해서 검색한다. 도매 및 소매업－통신판매업 업종코드이다. 선택해주고 다른 업종을 추가하고 싶다면 부업종을 눌러 업종코드 옆의 '검색'을 누르고 업종에서 키워드를 입력해 알맞은 업종을 선택하고 추가해준다. 사업장 정보입력에서 개업일자와 자기자금 같은 건 편하게 입력해준다. 사업자 유형은 '간이과

세'로 시작하는 것이 좋다. 필요한 부분은 채우고 필요 없는 부분은
스킵 하고 송달 장소 입력 후 신청한다. 대부분 평일 업무 기준 1~2
일 정도 소요된다.

3. 사업자용 통장 개설하기

기존에 사용하는 통장이 있다면 해당 통장을 사업용 계좌로 신고할
수도 있다. 사업용 계좌는 세무서에 방문하지 않고 홈택스(hometax.
go.kr)를 통해서 신고할 수 있다.

▶▶ **홈택스를 통해 사업용 계좌를 신고하는 경우**
- 홈택스(hometax.go.kr)에 접속한다.
- 여기서 [신청/제출] 메뉴를 클릭한다. 해당 페이지가 뜨면 [사
  업용(공익법인용)계좌 개설관리]를 클릭한다.
- 이때에도 공인인증서로 로그인하는 절차는 필요하니 미리 공
  인인증서를 준비해두기 바란다.
- 사업용 계좌 개설관리 페이지가 뜨면 모든 정보를 입력하고
  맨 아래 신청하기 버튼을 클릭하면 신청이 완료된다.

▶▶ 세무서에 방문하여 사업용 계좌를 신고하는 경우

● 관할세무서에 방문해서 사업용 계좌를 신고하는 경우에는 세
무서에 비치된 [사업용 계좌 개설(변경·추가)신고서]를 작성
해서 제출하면 된다. 또한 환급용 계좌를 겸용할 경우에는 신
고서 및 통장사본, 신분증사본, 위임장 원본을 첨부하여 제출
하면 된다.

● 기존에 등록된 사업용 계좌를 변경하고 싶거나 추가하고 싶을 때
는 5월 종합소득세 확정신고기한 내에 사업용 계좌 개설(변경·추
가) 신고서를 작성하여 사업장 관할 세무서에 제출하면 된다.

신고서 양식은 다음과 같다.

사업용계좌개설(변경 · 추가)신고서

신 고 인	① 상 호		② 사 업 자 등 록 번 호		
	③ 성 명		④ 주 민 등 록 번 호		
	⑤ 사업장 소재지		(☎ :)		
	⑥ 주 소		(☎ :)		

⑦ 개 설 은 행 또 는 체 신 관 서 명	⑨ 예 금 종 류	⑪ 계 좌 번 호	⑧ 구 분

「소득세법 시행령」 제208조의5 제9항에 따라 사업용계좌(☐ 개설 · ☐ 변경 · ☐ 추가)신고를 합니다.

년   월   일

신 고 인   (서명 또는 인)

세 무 서 장 귀 하

※ 첨부서류 : 개설 또는 추가하는 통장 사본 1부

※ 작성방법

1. 이 서식은 「소득세법」 제160조의5에 따른 사업용 계좌를 개설 · 변경 · 추가하는 경우에 사용하는 서식입니다.
2. 복식부기의무자는 복식부기의무자에 해당하는 과세기간의 개시일(1월 1일)부터 3월 이내에 사업용 계좌를 개설하여야 하며, 사업개시와 동시에 복식부기의무자에 해당되는 전문직사업자의 경우에는 사업자등록증 교부일부터 3월 이내에 개설하여야 합니다.
3. 사업용계좌를 변경하거나 추가하는 경우에는 사업장현황신고기한 또는 부가가치세 확정신고기한 이내에 신고하여야 합니다.
4. 사업용계좌는 1개의 계좌를 2 이상의 사업장에 대한 사업용계좌로 신고할 수 있으며, 사업장별로 2 이상 개설할 수 있습니다.
5. ⑧구분란에는 개설, 추가, 폐지 등으로 기재합니다.

210㎜×297㎜ [신문용지 54g/㎡(재활용품)]

4. 네이버 스마트스토어 개설하기

네이버 스마트스토어 개설 방법부터 알아보자.

　먼저 스마트스토어 중앙의 사업자를 누르고 하단의 가입 TIP을 확인한다.

- 사업자등록을 한 경우, 사업자등록번호 인증을 통해 사업자, 판매자로 가입이 가능하다.
- 사업자로 가입할 경우, 가입 심사를 위한 필수 서류를 제출해야 가입이 승인된다.
- 사업자로 스마트스토어를 이용하기 위해서는 통신판매업 신고가 필수이다. 아직 신고하지 못한 분은 위 '사업자로 온라인 판매가 처음이라면' 도움말을 꼭 확인해야 한다.
- 스마트스토어 이름은 가입 후 1회 수정 가능, 스마트스토어 URL은 수정 불가능하다. 가입 전 신중하게 고민한다.

▶▶ **필수 서류**
- 사업자등록증 사본 1부 (발급일 1년 이내)
- 대표자/사업자/법인 명의 통장 사본 1부
- (해당하는 경우) 대표자/법인 인감증명서 사본 1부 (발급일 3개월 이내)

여기서 중요한 부분은 '통신판매업 신고'와 스토어 이름 변경 횟수와 URL 수정에 제한이 있는 부분이다. 아직까지는 스토어명 변경은 1회만 가능하다. 스토어명은 한 번 변경이 가능하므로, 신중하게 고르기를 추천한다. 중복 검사를 통과했더라도 포털사이트에서 한 번 더 검색하여 동일 이름이 없는지 확인해야 한다. 다른 곳에서 사용 중인 이름이라면 추후 문제의 소지가 있을 수 있다.

다음으로 네이버 쇼핑/네이버 톡톡 활성화 창이 뜨는데, 네이버 쇼핑을 활성하면 네이버에서 일반적으로 제품을 검색했을 때 본인이 올린 제품을 노출시키는 것이다. 네이버 톡톡은 구매자와 실시간 채팅으로 CS를 케어할 수 있는 기능이기 때문에 스토어를 비공개 링크로 운영할 것이 아니라면 둘다 활성하는 편이 낫다. 이어서 스마트스토어 정보를 입력해보겠다.

아까 언급했듯이 이름은 지금 설정하고, 추후 단 한 번 변경 가능하다. 스마트스토어 URL은 변경 불가! 소개글은 언제든 다시 수정할 수 있다. 고객센터 전화번호는 구매자와 직통으로 연락할 수 있는 번호를 적어야 한다. 이후 사업자등록번호, 구분, 주소 등등은 사업자등록증을 보면서 똑같이 작성하면 된다. 작성하다 보면 대표자 정보에서 인감증명서를 제출하거나 대표 명의 휴대전화로 인증할 수 있는데, 휴대전화 인증번호로 하는 것이 훨씬 간편하다. 카테고리와 배송정보, 교환정보는 추후 상황에 따라 변경할 수 있으므로, 현재 기준으로 작성한다. 이어서 정산받을 은행 명과 계좌번호를 적는다. 웬만하면 사업자용 통장을 만들어서 스마트스토어 운영용으로만 사용하기를 추천한다. 그래야 내가 얼마의 수익을 냈는지 파악하기 쉽다. 1인 운영이면 담당자 정보는 본인 정보를 입력하고, 추가 정보 체크 하고 다음으로 넘어가면 된다. 여기까지 하면 스마트스토어가 생성된다.

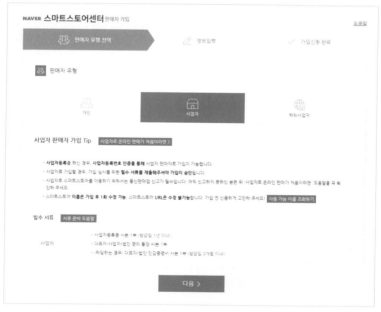

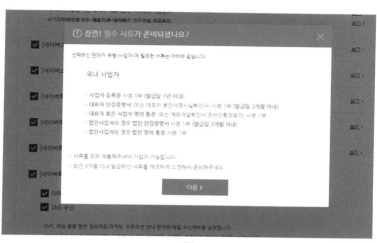

5. 통신판매업 신고하기

끝난 것 같지만 끝이 아니다. 통신판매업 신고가 남았다.

지금 단계에서도 이것저것 할 수 있지만, 통신판매업 신고증을 제출하지 않으면 스토어가 정지된다. 통신판매업 신고는 신청 전 내 스마트스토어에서 [판매자 정보]를 눌러주고 우측 상단에 있는 '구매안전서비스 이용 확인증'을 선택한다. 해당 파일을 프린트 표시 옆 화살표를 눌러 저장한다. 다음으로 '정부24' 홈페이지에 접속해 이미지의 순서대로 진행하고 빈칸을 빠짐없이 적어준다. 방금 받은 '구매안전서비스 이용 확인증'은 파일로 첨부하면 된다. 어렵게만 느껴졌던 사업자등록증 신청, 스마트스토어 오픈, 통신판매업 신고까지 모두 완료했다. 여기에 판매 업종에 따라 필요한 자격증을 추가하면 된다.

대부분 처음 시작하는 개인사업자들은 개인 집 주소로 신청하는데, 네이버 스마트스토어 판매자 정보에서는 사업장의 주소가 동, 호수까지 모두 표시된다. 연락처도 마찬가지다. CS용 다른 번호를 가지고 있으면 모를까 번호가 하나라면 고스란히 노출된다. 이것은 구입하는 고객 입장에서도 투명하게 노출되지 않으면 신뢰할 수 없기 때문이다.

필자도 처음에는 집 주소와 핸드폰 번호로 설정해서, 장난전화나 스팸, 카카오톡까지 왔다. 점점 규모가 커지면서 사무실을 얻을까 생각했는데 아무리 생각해도 자주 갈 자신도 없고 쓸데없는 비용 낭비 같았다. 그래서 이것저것 알아보니 비상주 사무실이라는 게 있는데, 업장의 주소만 빌려주고 우편물, 택배를 관리해주는 시스템으로, 비용은 월 30,000~100,000원까지 다양했다. 월 단위로 봤을 땐 큰 비용이 아니지만 연 단위로 보면 얘기가 달라진다. 순수익 300,000~1,000,000원 벌기는 굉장히 어렵다.

우선 해당 지역의 진흥원이나 캠프에서 크리에이터나 디지털커머스를 지원하는지 알아보자. 입주 비용이 굉장히 저렴하다. 이런 혜택이 있으면 꼭 이용하길!

번호는 한 개의 휴대폰 기기로 두 개의 번호를 사용할 수 있는 부가서비스가 통신사 별로 있다. SKT는 월 3,850원에 번호를 추가할 수 있고 앱을 분리 사용이 가능한 넘버플러스도 있다. KT는 월 3,300원에 두 개의 번호를 사용할 수 있는 투넘버플러스와 월 4,400원에 번호와 앱도 분리 사용 가능한 KT투폰이 있다. 번호만 두 개 사용하게 되면 해당 번호로 앱이나 다른 서비스를 이용하지 못하는데 KT투폰은 그게 가능하다. LG U+도 월 3,300원에 번호 추가와 앱 분리 가능한 LG듀얼넘버를 운영하고 있다. 번호 추가는 동일하지만 앱 분리와 앱으로 관리하는 것은 아이폰에서는 불가능한 경우가 많으니 한번 더 체크해서 가입하도록 한다.

민원안내 및 신청

통신판매업신고

신청방법	인터넷 방문	처리기간	유형에 따라 다름(하단 참조)
수수료	수수료 없음	신청서	통신판매업 신고서 (전자상거래 등에서의 소비자 보호에 관한 법률 시행규칙 : 별지서식 1호의) ※ 신청서식은 법령의 마지막 조항 밑에 있습니다. [신청작성예시]
구비서류	있음 (하단참조)	신청자격	본인 또는 대리인(온라인은 대리인 신청 불가)

[신청하기]

기본정보

- 이 민원은 전기통신매체, 광고물 등을 통해 소비자와 직접 상거래가 이루어지는 통신판매업을 하고자 하는 경우 신고하는 민원사무입니다. 공정거래위원회는 소비자 권익보호를 위해 민원인이 신고한 통신판매업자의 신원정보(전화번호, 주소 등)를 위원회 홈페이지(www.ftc.go.kr) 에 공개하고 있습니다.

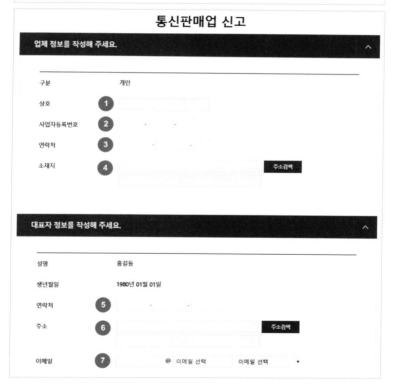

통신판매업 신고

업체 정보를 작성해 주세요.

구분	개인
상호	**1**
사업자등록번호	**2**
연락처	**3**
소재지	**4** [주소검색]

대표자 정보를 작성해 주세요.

성명	홍길동
생년월일	1980년 01월 01일
연락처	**5**
주소	**6** [주소검색]
이메일	**7** @ 이메일 선택 이메일 선택 ▼

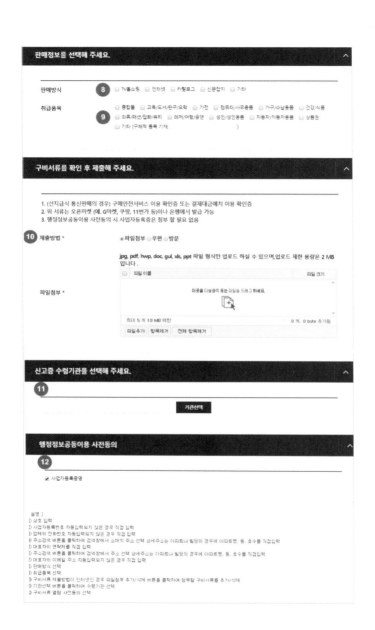

판매정보를 선택해 주세요.

판매방식 ⑧ ☐ TV홈쇼핑 ☐ 인터넷 ☐ 카탈로그 ☐ 신문잡지 ☐ 기타

취급품목 ⑨ ☐ 종합몰 ☐ 교육/도서/완구/오락 ☐ 가전 ☐ 컴퓨터/사무용품 ☐ 가구/수납용품 ☐ 건강/식품
☐ 의류/패션/잡화/뷰티 ☐ 레저/여행/공연 ☐ 성인/성인용품 ☐ 자동차/자동차용품 ☐ 상품권
☐ 기타 (구체적 품목 기재   )

구비서류를 확인 후 제출해 주세요.

1. (선지급식 통신판매의 경우) 구매안전서비스 이용 확인증 또는 결제대금예치 이용 확인증
2. 위 서류는 오픈마켓 (예. G마켓, 쿠팡, 11번가 등)이나 은행에서 발급 가능
3. 행정정보공동이용 사전동의 시 사업자등록증은 첨부 할 필요 없음

⑩ **제출방법** * ⦿파일첨부 ○우편 ○방문

jpg, pdf, hwp, doc, gul, xls, ppt 파일 형식만 업로드 하실 수 있으며,업로드 제한 용량은 2 MB 입니다 .

☐ 파일 이름	파일 크기
아콘을 더블클릭 또는 파일을 드래그 하세요	

최대 5 개 10 MB 제한   0 개, 0 byte 추가됨

파일첨부 *

[파일추가] [항목제거] [전체 항목제거]

신고증 수령기관을 선택해 주세요.

⑪

[기관선택]

행정정보공동이용 사전동의

⑫

☑ 사업자등록증명

설명]
① 상호 입력
② 사업자등록번호 자동입력되지 않은 경우 직접 입력
③ 업체의 전화번호 자동입력되지 않은 경우 직접 입력
④ 주소검색 버튼을 클릭하여 검색창에서 소재지 주소 선택 상세주소는 아파트나 빌딩의 경우에 아파트명, 동, 호수를 직접입력
⑤ 대표자의 연락처를 직접 입력
⑥ 주소검색 버튼을 클릭하여 검색창에서 주소 선택 상세주소는 아파트나 빌딩의 경우에 아파트명, 동, 호수를 직접입력
⑦ 대표자의 이메일 주소 자동입력되지 않은 경우 직접 입력
⑧ 판매방식 선택
⑨ 취급품목 선택
⑩ 구비서류 제출방법이 인터넷인 경우 파일첨부 추가/삭제 버튼을 클릭하여 첨부할 구비서류를 추가/삭제
⑪ 기관선택 버튼을 클릭하여 수령기관 선택
⑫ 구비서류 열람 사전동의 선택

6. 쿠팡 크리에이터로 시작하기

쿠팡이 라이브커머스를 시작하면서 많은 크리에이터들이 관심을 갖게 되었다. 쿠팡은 어떤 생태계로 운영되는지, 쿠팡의 미래는 어떻게 될 것인지. 결론부터 말하자면 하루라도 빨리 시작하라!

쿠팡은 다른 라이브커머스와 달리 방송 직후 로켓배송이 된다는 장점이 있고, 네이버가 검색 엔진인 것에 반해, 쿠팡의 어플은 고객들이 구매를 위해 유입된다는 점이 다르다. 따라서 네이버에 비해서는 매출로의 전환이 쉬운 편이다. 또한 쿠팡 자체에서도 바이럴마케팅을 많이 진행하여 애플리케이션 최상단에 라이브 방송이 노출되기 때문에 라이브 방송을 통한 구매가 많이 이루어질 것으로 보인다.

쿠팡은 다수의 크리에이터를 보유하고 있고 누구나 신청이 가능

● 쿠팡 크리에이터 등록하기

하다. 링크(https://livecreator.coupang.com/)를 통해 [크리에이터 가입하기] 버튼으로 누구나 참여할 수 있다. 그림처럼 진입장벽이 조금 낮은 편이다. 그러나 쿠팡에 의해 섭외된 크리에이터의 경우 기획전 섭외의 기회를 누린다는 점에서 조금 차이가 있다. 그림과 비슷한 형식이라고 보면 될 듯하다.

현재 쿠팡은 뷰티 상품만 라이브 방송으로 진행하고 있다. 크리에이터에 가입하고 난 뒤 섭외가 진행되면 쿠팡이 보유하고 있는 뷰티 제품을 선정해서 방송을 진행한다. 뷰티 제품들을 리스트업 해서 크리에이터 담당 매니저가 보내주면, 원하는 날짜와 시간 등을 선정해서 방송을 신청할 수 있다. 그러나 신청한다고 모두 진행되는 것은 아니며 쿠팡 내부의 심사를 통해 진행 여부가 결정된다. 쿠팡 크리에이터의 경우 크리에이터를 팔로우할 수 있기 때문에 팔로우가

● 쿠팡 기획전 크리에이터로 들어가기

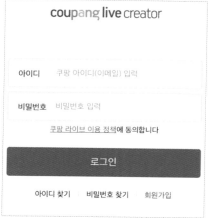

coupang live creator

아이디   쿠팡 아이디(이메일) 입력

비밀번호   비밀번호 입력

쿠팡 라이브 이용 정책에 동의합니다

로그인

아이디 찾기 | 비밀번호 찾기 | 회원가입

◎ 01월 27일 오후 11:00
메이크업 A to Z, 빛광나는 베이스메이크업!

📈 라이브 데이터

🅰 01월 26일 오후 11:00
졸업입학시즌, 첫향수선물은? BEST향수 모음전

심사 중

🅰 01월 25일 오후 10:30
졸업시즌, 향기를 선물하세요! 베스트향수 모음전

심사 중

라이브 등록하기   ✕

라이브 오퍼 ⓘ   오퍼를 선택해주세요 >

라이브 상품 ⓘ   0 개 상품을 선택했습니다 >

* 라이브 타이틀

최대 26자까지 입력할 수 있습니다.

* 라이브 일정   31일 이내만 선택 가능

일정 선택하기

* 라이브 커버 ⓘ

* 직접 찍은 상품 이미지를 사용해주세요. 상품과 본인이 함께 나온
사진이면 더 좋습니다.
* 이미지 내 텍스트 사용은 삼가주세요.

＋   ＋
사진 선택   사진 선택

✅ 미리보기

라이브 등록하기

많아질수록 매출도 늘어날 가능성이 크다.

쿠팡은 다른 플랫폼과 달리 매출 분배 형식이다. 페이를 받고 진행하는 것이 아니기 때문에 길게 보고 투자하는 것이 좋다. 제품 선정이 완료되고 방송이 확정되면 제품을 받을 수령지를 입력하고 제품이 집으로 배송된다. 배송된 이후에는 집에서 자체적으로 모바일을 켜고 방송을 진행하면 된다. 따로 제품 미팅이 진행되지는 않기 때문에 상세 페이지와 후기를 통한 세심한 공부가 필요하고, 아이패드나 패널을 통해 방송 진행 시 활용하면 좋다.

쿠팡의 라이브 크리에이터로서 수익을 얻고 싶다면 기획전을 진행하는 크리에이터가 되어야 한다. 브랜드 자체에서 요청할 수도 있고 나의 쿠팡 담당 매니저가 요청할 수도 있다. 기본적으로 기획전은 누구나 참여할 수 있으며 섭외로 진행된다. 따라서 평소 쇼호스트로서의 많은 레퍼런스와 진행 능력은 필수이다. 이 경우는 기존에 제품을 받아서 집에서 방송하는 일반 방송과 달리 브랜드와의 협업으로 사전 미팅과 함께 진행한다. 즉, 브랜드 자체에서 사전 미팅과 사전 바이럴도 진행하는 것이다. 쿠팡에서도 현재 별다른 비용을 받지 않고 쿠팡 자체 바이럴을 진행하고 있다. 기획전을 통해 성공 사례를 만들기 위해 고군분투 중이고, 쿠팡 쇼핑라이브에 고객들이 익숙해진다면 조만간 억대 매출의 성공 사례가 나올 것으로 예상된다.

쿠팡은 크리에이터를 앞세운다는 점, 매출을 분배한다는 점에서 좀더 롱런할 수 있을 것으로 생각되며, 중국의 왕홍, 알리바바와 가

● 처음으로 진행했던 닥터지와 씨스터앤 기획전

🔔 03월 27일 정오 12:00

닥터지 선크림&수딩라인 초특가!

심사 중

▶ 03월 31일 오후 09:00

[🚀로켓]추천 SNS대란 씨스터앤 아이라이너!

〰 라이브 데이터

▶ 03월 01일 오후 08:00

닥터지와 함께 피부미인되자! 닥터지 특가전

〰 라이브 데이터

장 비슷한 모델을 만들어 가는 쇼핑 플랫폼이라고 생각한다.

쿠팡 크리에이터들은 기획전임에도 불구하고 직접 사진과 내용을 기입해야 하는데, 진심으로 크리에이터를 만들기 위해 노력하고 있음이 느껴진다. 또한 크리에이터와 함께 만들어나가는 방송으로서 열렬한 지원도 아끼지 않고 있다.

새롭게 생기고 있는 라이브커머스 플랫폼(배민, SSG 등)

네이버에 쿠팡에 그립에 정말 많은 플랫폼이 있지만 '배달의민족'이 라이브커머스에 뛰어드는 것을 보며, 라이브커머스는 이제 선택이 아니라 필수라는 생각이 들었다. 쿠팡 그리고 배달의민족 모두 애플리케이션 최상단에 라이브커머스가 배치되어 있고 배달의민족의 경우는 식품을 중심으로 판매하고 있기 때문에 시청자 수와 구매전환율이 굉장히 높은 편이다. 배달의민족은 자체 제작 외에 외주까지 주면서 주기적으로 방송을 하고 있고, 셀럽 위주로 편성을 하고 있어 콘텐츠의 재미 또한 함께 가져가고 있다. 국내 탑 유튜버의 절반 이상이 먹방이라는 점을 감안했을 때, 배달의민족 라이브 방송은 먹방의 새로운 형식으로 자리 잡을 것이며, 식품계의 최강자가 될 것이라고 감히 예상해본다.

또한 SSG는 막강한 신세계 파워를 바탕으로 백화점, 유통을 모두 섭렵하려는 듯하다. 그동안 네이버, 그립, 소스라이브, 쿠팡 등의 플랫폼을 활용했다면 이제는 그들 자체의 플랫폼을 바탕으로 모든 기업들이 라이브커머스를 기획하고 진행하고 있다. 조만간 CJ제일 제당의 방송도 앞두고 있는 상황이며, 각 기업마다 플랫폼을 발전시켜 자체적인 라이브 방송을 기획하고 진행할 예정이다. 비단 대기업의 일이라고 생각할 것이 아니라, 중소기업들도 자신의 플랫폼을 발전시켜 라이브커머스를 진행해야 하며 이제 라이브커머스는 선택이 아닌 필수가 되었다.

7. 그립 입점하기

그립은 대기업 사이에서 빠르게 성장하고 있는 라이브커머스 기업이다. 그립의 창업자는 네이버 출신으로 꾸준한 성장을 보여주고 있다. 그립의 차이점은 타 플랫폼과 달리 라이브커머스만을 위해 접속한다는 점이다. 때문에 방송의 집중도는 좋지만 전체적인 시청자 수는 적다. 현재 그립 방송의 흐름을 본다면, 신규 유입보다는 기존의 시청자가 방송을 돌아다니며 시청하고 있다고 할 수 있다. 어제 온 사람이 오늘도 오고 내일도 오는 것이다. 대형 기획방송이 열리면 그쪽으로 시청자가 몰려 상대적 쏠림 현상이 발생하고 있어 소형 그리퍼의 반발도 적지 않다. 이에 그립은 다양한 유통기업과의 콜라보 및 이벤트 행사를 진행 중이며 앞으로도 전투적인 마케팅으로 신규 시청자 유입을 지원할 것으로 예상된다.

그립 앱을 다운받고 간단한 회원가입 후 우측 하단의 버튼을 누르고 내려 보면 '그리퍼에 도전해보세요'라는 팝업창이 나온다. 여기서 '그리퍼 지원'과 '입점 신청' 둘 중에 선택할 수 있다. 먼저 그리퍼 지원부터 해보도록 하겠다.

그리퍼 지원은 보이는 설명대로 판매방송을 진행하는 사람이다. 그리퍼에 지원하면 방송 권한이 생기고 판매자들에게 그리퍼로 소개되어 판매 상품을 제안받게 된다. 제안받은 상품이 마음에 들면 상품과 매칭되며, 일정 협의 후 방송을 진행하게 된다. 간단하게 빈칸을 채우고 SNS 활동 채널(인스타그램, 페이스북, 유튜브 등)과 자기소개서를 토대로 개별 인터뷰가 진행되는 듯하다. 그리퍼 신청 단계에서 탈락하는 경우도 꽤 있으니 SNS를 성장시키고 신청하거나 자기소개서를 구체적으로 잘 써보도록 하자. 그리퍼 신청은 3개월에 한 번 가능하니 참고한다.

다음으로 입점 신청을 알아보겠다. 입점 신청은 사업자등록증이 필요하다. 안내에 따라 빈칸을 채우고 상품의 카테고리, 상품 URL, 소개까지 작성하면 신청이 완료된다. 신청 후 통과되면 셀러가 되어 직접 방송을 진행할 수 있고 그리퍼에게 제안해 함께 방송을 진행할 수도 있다.

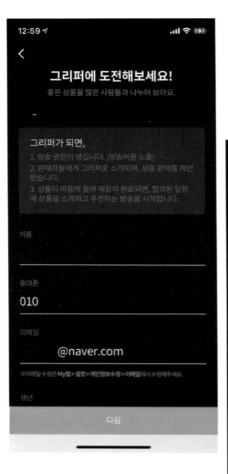

12:59

그리퍼에 도전해보세요!

좋은 상품을 많은 사람들과 나누어 보아요.

그리퍼가 되면,

1. 방송 권한이 생깁니다. (방송버튼 노출)
2. 판매자들에게 그리퍼로 소개되며, 상품 판매를 제안 받습니다.
3. 상품이 마음에 들어 매칭이 완료되면, 협의된 일정 에 상품을 소개하고 추천하는 방송을 시작합니다.

이름

휴대폰

010

이메일

@naver.com

※이메일 수정은 My탭 > 설정 > 개인정보수정 > 이메일에서 수정해주세요.

생년

다음

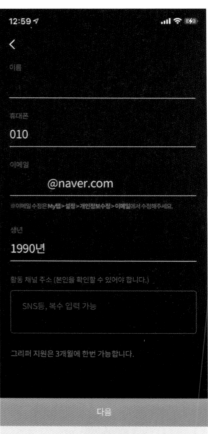

12:59

이름

휴대폰

010

이메일

@naver.com

※이메일 수정은 My탭 > 설정 > 개인정보수정 > 이메일에서 수정해주세요.

생년

1990년

활동 채널 주소 (본인을 확인할 수 있어야 합니다.)

SNS등, 복수 입력 가능

그리퍼 지원은 3개월에 한번 가능합니다.

다음

122

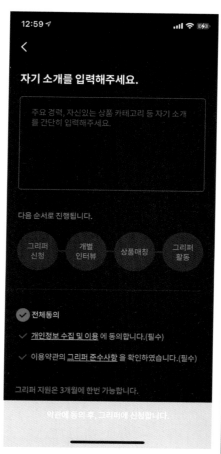

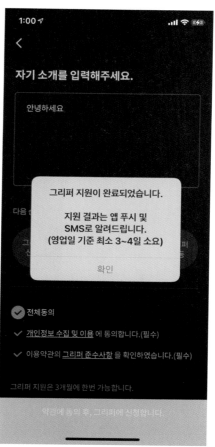

을 보면서 하는 걸 추천한다. 셀카모드이기 때문에 화질 저하는 어쩔 수 없지만, 몇 번 그렇게 진행하다 보면 머릿속으로 이 표정을 지으면 이렇게, 저 표정을 지으면 저렇게 된다는 것이 그려질 것이다.

4. 각도만 잘 잡아도 반은 성공

화면에 비치는 나의 모습 중 가장 중요한 것은 '각도'로, 고개를 너무 당기면 투 턱이 되고 고개를 올리면 얼굴이 커 보인다. 편한 자세로 방송을 하고 모니터링 하게 되면 경악하게 될 것이다. 역시 세상은 쉬운 게 없다. 그냥 편하게 얘기했는데 화면에서는 등은 굽어 있고 어깨는 축 처져 있고 입 모양은 또 왜 그런지… 화면에 비치는 내

모습에는 자신감과 자세가 굉장히 많은 부분을 차지한다.

이렇듯 대부분의 사람들은 한쪽 어깨가 처져 있다. 일상생활에서는 느낄 수 없지만, 화면으로 보면 단번에 알 수 있다. 가방을 한쪽으로 매거나 바르지 않은 자세로 삐뚤어질 수 있다.

방송을 보면 내 몸이 어느 쪽으로 틀어져 있고 어떤 습관이 있는지 객관적으로 알 수 있다. 위에서 알려준 셀카 모드로 방송 연습을 해보며 나의 어깨는 어디가 내려가고 올라갔는지, 고개는 어느 정도로 유지하는 게 좋은지 파악하는 것이 좋다. 카메라 마사지라는 말이 괜히 있는 것이 아니다. 실시간으로 보면서 맞춰보고 녹화를 통해 꼭 모니터링을 해보자.

5. 커머스 화면은 왜 세로일까?

우리는 대부분 1920×1080 즉 가로 비율의 화면에 익숙하다. TV화면이나 우리가 즐겨 보는 유튜브는 가로 화면으로, 넓은 각도로 그 중심을 기점으로 물건 또는 인물이 있다. 라이브커머스 화면은 어떨까? 대부분 세로 비율을 택하고 있다. 네이버쇼핑라이브, 그립, 쿠팡, 등등 카카오쇼핑라이브와 몇 개를 제외하면 대부분이 세로이다. 왜 그럴까? 개인적인 의견은 영상만을 시청할 때는 넓은 화면이 편하겠지만, 가로 화면에서는 채팅만 작성하려고 해도 꽤 불편해진다.

화면을 보면서 또 다른 행동을 해야 한다면 세로가 편할 것이다. 예를 들어 제품의 상세 페이지를 보거나, 채팅을 하거나, 제품을 구매하거나, 가장 중요한 액션이 여기 있으니 불편한 가로 화면보다 세로 화면을 선택해서 소통과 구매를 편하게 만들었다. 라이브커머스의 가장 중요한 액션은 구매이기 때문에 구매 버튼으로 이동하기 쉽게 세로로 되어 있다.

6. 세로 화면 공략법

1080×1920의 비율, 세로 화면은 어떻게 공략해야 할까?

우선 기존 가로 화면보다 좁고 길다. 이렇게 생각하면 간단히 공략할 수 있다. 우선 좁기 때문에 두 명이 방송하면 필요 이상으로 붙어야 하며, 넓게 보여줄 수 없다. 앉아서 제품을 소개하고 제품 상세 이미지를 보여준다면, 카메라 움직임을 잘 신경 써서 해야 한다. 자칫하면 제품이나 인물이 카메라에서 벗어날 수 있기 때문이다.

또한 세로 화면은 길게 뻗어 있기 때문에 전체적인 코디를 보여 줘야 하는 패션, 인테리어 같은 방송에는 굉장히 적합하다. 가로 화면의 경우 신발을 보여줘야 할 때, 종아리에서 신발정도만 보였을 것이고 전체적인 코디를 보여주고 싶어도 굉장히 작게 보일 것이다. 반면에 세로화면에서는 전체적인 코디나 느낌을 조금만 뒤로 가도 바로 보여줄 수 있다. 이런 장단점을 잘 활용해서 방송해야 한다.

4

라이브커머스 방송 기획

1. 요즘은 제품도 스토리가 있어야 주목받는다

전에는 대기업 제품만 좋은 제품이다. 큰 회사에서 만든 제품을 사용해야 한다는 생각이 있었다면 최근에는 소비경향이 많이 바뀌었다. 품질이 중요하고 중소 제품의 브랜딩 마케팅도 굉장히 잘하고 있어 고급화 전략으로 성공한 브랜드도 많다. 좋은 제품은 정말 많다. 하지만 대부분의 중소기업들은 좋은 제품을 개발하느라 자금을 다 써버려서 마케팅에 힘을 쓸 여력이 없다. 그럴 때 우리가 필요하다. 품질만 확실하다면 잘 풀어내고 이끌어내는 것은 우리의 몫이다.

제품을 고를 때는 스토리가 있는 제품을 선호한다. 예를 들어 설탕이 아예 안 들어간 잼, 판매 금액의 일부를 후원하는 마스크, 주방의 판도를 바꿀 동결건조 육수 등등, 풀어낼 이야기가 많은 제품들은 소비자들도 선호한다. 또 제품을 만든 개발자, 대표님 개인의 스토리도 중요하게 생각한다.

어느 대표님은 부모님께서 발효식초 공장을 하셨는데, 그걸 먹고 정말 좋았지만 신맛 때문에 먹기 힘들었다고 한다. 그런데 발효식초를 먹기 편하게 발포식초로 개발하여 출산 후 불어난 몸무게를 실제로 감량하는데 이용했다는 진짜 스토리들은, 나의 마음을 자극했다. 이런 진정성 있는 스토리는 판매자나 구매자 모두에게 공감대를 형성하고 구매에 좋은 포인트가 된다.

2. 언제까지 주는 대로 팔 거야? 내가 직접 제품 선택하기

모바일 쇼호스트로 섭외되어서 사전 미팅하고, 제품을 사용해보고, 공부하고, 리허설 하고, 생방송 들어가고, "고생하셨습니다." 하면서 끝나는 루틴이 대부분이다. 그럼 여기서 무엇을 더 할 수 있을까? 그것은 바로 방송 기획과 제품 선택이다. 단순히 쇼호스트로서 출연료를 받으면서 여러 방송을 하는 게 지겹다면, 또는 일이 없다면 직접 기획하라!

지금은 모바일 쇼호스트들이 굉장히 많이 쏟아지고 있다. 기존 방송 쇼호스트가 모바일 쇼호스트로 전향하기도 하고 개그맨, 배우,

아나운서, 기상 캐스터, MC의 기본 투잡이 되었다고 해도 과언이 아니다. 방송 좀 해봤던 사람들은 한 번쯤 라이브커머스를 다 해봤다고 볼 수 있다. 시장이 커지면서 수요와 공급이 많아지고 있는데, 언제 수요가 끊길지, 공급이 끊길지 그 누구도 예측할 수 없다. 확실한 건 내가 수요와 공급을 같이 하면 걱정이 없다는 것이다.

모바일 쇼호스트들과 얘기를 나눠보면, 점점 페이는 낮아지고 경쟁은 치열해지고 있어서 섭외만 기다리기 힘든 상황인데 어떻게 하면 좋냐는 고민 상담이 많았다.

이 책은 단순 라이브커머스의 진행 팁만을 알려주려고 기획된 것이 아니다. 앞으로 셀러는 직접 판매할 제품을 선정하고 소구점을 찾아 기획할 수 있는 그런 커머스크리에이터가 되어야 한다.

3. 그럼 판매는 어떻게 해야 잘하는 거야?

순서대로 차근차근 잘 따라서 사업자를 내고 스토어 오픈하고, 이제 무작정 찾아가서 "물건 주세요." 하면 과연 줄까? 처음 보는 셀러를 어떻게 믿고 물건을 도매가격에 줄 수 있을까? 이럴 때 쉽게 제조/판매 업체와 연을 맺을 수 있는 방법이 개인 SNS 공동구매라는 것이다.

대행사를 통해서 연락을 취한 거라면 한 번 연결해야 하는 것이기에 번거로움이 생기겠지만, 최근에는 마케팅 비용을 아끼려고 제조사에서 직접 연락하는 곳도 많다. 그렇게 공동구매를 진행하면 이때 기록한 해시태그를 통해서 또 꽤 많은 제안들이 들어 온다. 그중에서 내가 자신 있는 것, 내가 판매하고 싶은 제품이 있다면 직접 연락해본다. 혹시 '나는 라이브커머스를 하고 싶은 거지, SNS 공동구매를 하고 싶은 건 아니야'라고 생각하는 사람이 있다면 그건 큰 오산이다. 둘다 잘할 수 있는데 왜 한 가지만 고집하는가.

판매를 위해서는 나름의 스토리를 가져야 한다. 내 얘기를 예로 들자면 SNS로 공동구매나 라이브커머스를 하는 이유는 좋은 제품을 내 팔로워, 지인들을 포함해 나도 저렴하게 구입할 수 있다는 점과 불특정 다수와의 소통이 굉장히 재밌다는 점이다. 단순히 판매뿐만 아니라 해당 제품과 어울릴만한 다른 얘기도 나누면서 에너지를 얻는다. 요즘 똑똑한 소비자는 내가 사고 싶은 물건을 보고 네이버 최저가 검색뿐 아니라 SNS에서 공구 중인지까지 체크한다. 왜냐하면 공동구매의 첫 번째 조건은 검색했을 때 나오는 가격보다 무조건 저렴하거나 더 많은 구성이어야 하기 때문이다. 이 흐름을 알고 있기 때문에 오프라인이나 온라인 광고를 보고 바로 구매하지 않는다.

여기서 '나는 SNS를 하지도 않고 영향력도 없는데 어떻게 하지?'라는 생각이 든다면, 이 책을 끝까지 정독한다.

PART
4

라이브커머스
진행 실전 꿀팁

1

바로 써먹는
셀링포인트

물건을 팔 때 중점적으로 집중해서 강조할 포인트, 이 물건을 사야 하는 가장 중요한 포인트를 셀링포인트라고 한다. 전문 용어로 USP uique selling point라고도 한다. 판매 포인트를 넘어선 이 물건만의 고유의 판매 포인트가 필요하다. 물건 판매에 있어서 가장 중요한 부분이고 이 부분을 명확히 인식하고 있어야 판매 방송의 결을 제대로 살릴 수 있다. 즉, 셀링포인트를 잡아야 한다. 제품군 별로 타겟층 별로 셀링포인트를 잘 잡아야 물건을 판매할 수 있다.

1. 경험을 말하라(간증)

홈쇼핑에서 쇼호스트에게 필요한 역할이고 라이브커머스 진행자가 갖춰야 할 역량이다. 제품 설명과 성분 설명 등 객관적인 사실 전달도 중요하지만, 요즘 대부분의 소비자들은 상품 페이지를 통해 이미 모든 것을 확인하고 제품을 구매한다. 진행자들이 소비자에게 보여주고 알려줘야 할 것은 경험을 간증하는 것이다. 이 부분이 판매에 엄청나게 큰 영향을 미치며 소비자들이 방송을 보고 물건을 보는 이유이기도 하다. 때문에 쇼호스트가 미리 제품을 받아서 경험해보는 시간은 굉장히 중요하다.

대부분의 쇼호스트들은 방송 1~2주 전 늦게는 3~4일 전 제품을 미리 받아서 사용해보는 시간을 갖는다. 이는 방송의 진실성에 크게 기여하며 제품 사용 여부는 쇼호스트 멘트의 수준 자체를 다르게 만들어 준다. 이 기간에는 제품을 실제로 사용하고 제품의 특장점을 느껴보는 시간이며, 이를 통해 진심으로 제품을 좋아하고 추천하는 마음을 가져야 한다.

사실 라이브커머스 진행자 입장에서, 사전 미팅의 순간이 간증을 위해 정말 중요하다고 생각한다. 대부분의 업체분들이 많은 자료를 준비해오고 이 시간을 통해 제품에 빠져들게 된다. 업체분들이 얼마나 제품을 진심을 다해 제조하고 판매하고 있는지는 사전 미팅에서 모두 드러나며, 이를 통해 쇼호스트는 간접적으로나마 이 제품을 제조하신 분들의 입장이 되어 볼 수 있다. 우리는 업체분들의 사전 미팅 때의 진심과 열정이 실제 방송에서도 그대로 드러난다고 말한다. 따라서 우리는 그 미팅을 토대로 제품을 바라보고 열정을 가지게 되며 제품을 사용해보게 된다. 그리고 샘플링 기간 동안 업체에서 말해주었던 그 특장점을 느끼는 순간 방송에서 간증으로 나타난다.

경험을 말하는 것을 뛰어넘어 "간증을 하라"고 말하는 것은 시청자분들께 더 진실성을 전달하기 위함이다. 단순히 경험만을 말하기에는 판매 페이지 구매 후기를 통해서도 충분히 느낄 수 있다. 라이브커머스 진행자는 이 제품을 믿고 따르며 이 제품에 반쯤 미친 사람이 되어야 한다. 그리고 본 방송에서 나는 이 제품이 너무 좋아서, 내가 느꼈던 점들을 시청자에게 실제로 보여주고 알려드리러 왔다는 것을 그대로 전달해야 한다. 제품의 간증방송이 되어야 그 방송이 살고 판매로 이어질 수 있는 것이다.

2. 제대로 핸들링하라

방송에서 정말 중요한 포인트가 핸들링이다. 고급스러운 핸들링이 필요하고 정확하게 보여주는 것이 중요하다. 사실은 이 기본적인 것조차 안 되는 경우도 허다하다. 우리가 장난으로 유튜버를 따라 할 때, 손을 쫙 펴고 그 앞에 물건을 보여주는 행동을 취한다. 초점을 잘 잡기 위함인데, 방송을 위해서는 특히나 제품을 판매하는 쇼호스트에게는 핸들링이 중요하다. 어떻게 핸들링하느냐에 따라 제품의 특성을 더 잘 보이게 하기도 하고 단점을 부각시키기도 한다.

일단 핸들링을 잘하기 위해서는 차분한 마음가짐이 필요하다. 별 것 아닌 것 같지만 방송을 하다 보면 정보전달에 치우쳐 핸들링을 하면서도 급하게 보여주고 마는 경우가 있다. 하지만 핸들링을 하는 시간만큼은 한 템포 쉬고 차분하게 제품을 보여준다. 그리고 제품을 보여주는 시간에는 포즈를 취하며 시청자에게도 집중한다. 대체 뭐길래 이렇게 뜸을 들이지? 시청자들도 제품을 자세히 보여주는 시간에는 집중할 수 있도록, 차분한 핸들링과 고급스러운 손짓으로 밀당을 해야 한다. 그만큼 핸들링은 방송에서 중요한 요소이다.

여성 쇼호스트의 경우는 네일도 필수라고 생각한다. 가끔은 쉬었던 네일도 쇼호스트 일을 시작하고 나서는 한 번도 쉬지 않고 계속하고 있다. 고급스럽고 화려한 네일은 방송인의 깔끔하고 세련된 이미지에 기여하며 방송 핸들링을 할 때도 훨씬 고급스럽게 보여줄 수 있다. 심지어 홈쇼핑 쇼호스트실에는 헤어, 메이크업 공간과 함께 네일을 해주는 공간까지 있다. 방송에서 네일이 얼마나 중요한지 핸들링이 얼마나 중요한지를 알 수 있는 부분이다. 핸들링은 식품이나 건강기능식품에서는 크게 작용하지 않지만, 뷰티나 패션 잡화 등에서는 정말 디테일하게 잘 전달하는 것이 중요하다. 또한 패널을 넘길 때 차분하게 그리고 바른 자세로 드는 것도 굉장히 중요하다.

3. 정보전달에 치우치지 마라, 쉽게 설명할수록 베테랑

이건 비단 라이브 방송뿐만 아니라 모든 영상제작물에 해당되는 이야기이다. 유명한 스타강사 중에 말을 어렵게 하는 사람이 있을까? 어려운 내용을 쉽게 이해시켜주고 이로 인해 흥미를 갖게 만드는 것이 스타강사의 역할이다. 라이브커머스 쇼호스트는 제품판매의 스타강사라고 봐도 무방하다.

　앞에도 말했다시피 제품 정보나 후기는 인터넷 상세페이지에서 너무나 쉽게 볼 수 있다. 그러나 우리는 책과 교과서가 있음에도 불구하고 왜 인터넷 강의를 볼까? 그것은 이해되지 않는 것들을 이해시키고 보여주며 더 쉽게 알려주기 위함이다. 이 부분을 잊지 말고 쉽고 단순하게 그리고 직관적으로 전달하기 위해 노력해야 한다. 가끔 방송을 보면 정보전달에 치우치다가 시연도 없이, 설명하나 없이 방송을 하는 경우를 마주한다. 우리가 하고 있는 건 라이브 방송이지 교육 강의가 아니다. 시청자에게 정보전달 이상의 무언가를 드려야 한다. 어려운 내용을 쉽게 전달하는 단어 하나, 표현 하나가 그 방송의 전체적인 수준을 좌지우지한다.

4. 소통을 통해 즉각적인 피드백을 하라

라이브커머스 방송의 가장 큰 특장점은 즉각적인 소통이다. 댓글이 달리고 이를 진행자가 볼 수 있으며, 이를 통해 방송에서 살아있는 소통을 할 수 있다. 소비자들은 방송을 보며 즉각적으로 질문을 하고 진행자는 바로 대답할 수 있다. 가끔 방송과 진행에 치우쳐 댓글을 읽지 못하고 피드백을 제대로 해주지 않는 경우가 생기는데, 라이브커머스의 차별화된 점이 바로 댓글이라는 점을 잊으면 안 된다. 시청자들과의 소통이 제일 중요하며 이에 대한 피드백은 말과 행동으로 즉각적으로 이뤄져야 한다. 사실 1시간의 라이브 방송을 끝까지 꾸준히 시청하는 것이 굉장히 어려운 일인데, 이를 가능하게 만드는 것이 바로 즉각적인 피드백과 소통이라고 생각한다. 이 소통을 통해 시청자들은 진행자들과 친밀감을 느끼고 흥미를 느끼게 되며 한 시간의 긴 방송을 끝까지 지켜보는 원동력이 된다.

5. 돌발상황에는 이렇게 대처하라

지난번 중소기업 TV 방송 때 이런 상황이 있었다. 제품의 A/S가 잘 되고 무상보증 기간이 2년이나 된다는 말이었는데, 악의적인 댓글이 계속 올라오는 상황이었다(우리끼리는 악성 고객 혹은 경쟁사의 댓글이었을 것으로 추측하고 있다). 제품을 구매해봤는데 이런 제품을 판다는 것이 웃긴다거나 무상보증은 커녕 A/S 센터는 전화도 안 받는다는 식이었다. 심지어는 진행을 하는 쇼핑호스트에게 양심을 좀 가지라며 인신공격까지 들어온 상황이었다. 굉장히 당황스러운 상황이었고 어떻게 대응해야 할지 고민을 했다. 그런데 라이브커머스는 소통을 통한 즉각적인 피드백이 포인트 아닌가! 그 내용을 간과하고 좋은 댓글만 읽으며 방송을 진행하기에는 댓글이 너무 도배되고 있었다. 그럴 때는 그 댓글을 지목하고 대답해주며 방송의 흐름을 다시 잡아야 한다. 어떤 방송이든 배드컨슈머와 악의적인 댓글을 다는 사람들은 있기 마련이기 때문에 여유로운 마음으로(그렇지 않다고 할지라도) 댓글에 대응해야 한다.

당시 나는 댓글을 하나하나 읽으며 답변해주었다. "실제로 A/S가 잘 이루어지고 있으며 사후처리 과정에서 불만이 있었던 고객이 단 한 명도 없었던 것으로 알고 있다. 정말로 연락이 되지 않고 사후처리가 안 됐다고 한다면, 구매자분 성함과 함께 연락처를 남겨주시면 즉각적으로 이 부분을 처리해 드리겠다."고 했다. 또한 "이렇게 소비자와의 소통을 중시하는 기업이 라이브 방송을 하면서 사후처리를 하지 않는 것은 말이 안 되며, 그동안 불편하셨던 부분들도 편하게 방송에서 얘기해주신다면 이 또한 즉각적으로 해결해드리겠다."고 맞닥드리고 나니 어느 순간 그 댓글은 보이지 않았다. 다분히 의도적으로 방송을 망치고자 댓글을 달았다는 것이 느껴졌는데, 직접 대응하니 즉각적으로 사태가 진정된 것이었다.

라이브커머스 방송은 생방송에 시청자들의 참여가 이루어지는 방송이기 때문에 돌발상황이 정말 많다. 그러나 이러한 상황조차 방송의 재미요소이자 매력이기 때문에 너무 당황할 것 없다. 사람이니까 당황도 할 수 있고 실수도 할 수 있다. 이를 얼마나 재치있게 또한 위트 있게 받아치는지를 보여준다면 오히려 방송의 실수는 방송의 재미로 발전할 수 있다.

6. 한 시간을 이끌어갈 카리스마가 필요하다

가끔 판매를 할 때 방송을 교양 프로그램으로 착각하는 사람들이 있다. 물건의 가격을 알려주고 설명만 할 뿐, 지금 우리는 판매라는 목적하에 팔기 위해 앉아있다는 사실을 까먹는다. 그 경우 방송은 루즈해지며 시청자들도 시청의 목적을 잃어버려 결국 프로그램에서 이탈하고 만다. 이 부분에서 가장 중요한 것이 바로 카리스마이다. 한 시간 동안 방송을 하고 시청자들의 이목을 집중시킬 카리스마가 필요한데, 이 카리스마는 방송을 이끌어가는 힘이며 시청자들의 이목을 집중시키는 파워이다. 그리고 이 카리스마는 내가 판매하고 있다는, 판매를 위해 방송을 하고 있다는 목적성이 분명할 때 두드러진다. 절대로 방송 중에 내가 팔기 위해 이 자리에 있다는 것을 잊으면 안 된다. 친근함으로 다가가야 하며 기존의 홈쇼핑과 차별화를 둔다.

7. 구매를 강요하지 마라

방송을 보는 시청자 입장에서 제일 싫었던 포인트였다. 어떤 쇼호스트의 경우 물건을 꼭 사야 한다며, 안 사면 큰일 날 것처럼 말하기도 했다. 이 경우 좋은 마음으로 방송을 보러 들어왔다가 오히려 거부감을 가지고 방송 자체를 안 보게 되는 상황도 발생한다. 방송에서는 절대 구매를 강요하지 않는다.

라이브커머스의 본질은, 시청자들을 말로 현혹시켜서 구매하게 하는 것이 아니다. 그런다고 구매해주는 것도 물론 아니다. 요즘 소비자들이 얼마나 똑똑한지 다들 알고 있다. 제품을 보면 인터넷에 최저가부터 검색해보는 세상인데, 내 말 한마디에 현혹되어서 구매할 리가 없다. 그래서 나는 이곳에 판매하러 온 사람이 맞지만 말로 현혹시켜서 강매하려는 사람이 아니라는 자기객관화가 굉장히 중요하다. 진짜 좋은 제품이라고 생각해서 시청자에게 제품을 하나하나 소개해드리러 왔고 직접 물건을 볼 수 없는 분들을 위해 시연하며 보여드리는 것, 그리고 궁금한 부분을 긁어드리는 것이 우리의 역할이라는 점이다. 그러니 추천하고 구매해달라고 부탁할 수는 있지만 절대 강요해선 안 된다.

많은 사람들이 착각하고 실수하는 부분이다. 홈쇼핑에서 모바일로 플랫폼만 바꼈으니 그 방식 그대로 하면 되겠지. 대부분의 쇼호스트 아카데미 출신의 라이브커머스 진행자들은 TV 쇼호스트의 진행방식을 답습한다. 그러나 업계 사람들을 만나보면 하나같이 하는 말이 이렇다. TV 쇼호스트를 모바일에서 쓰지 않는 이유는 자유롭지 못하다는 것이었다. TV에는 너무 많은 심의와 제재가 있기 때문에 단어 선택 하나하나에 굉장히 신중하고 그렇다 보니 과감한 언행이나 행동을 자제한다. 특히나 오랫동안 TV에서 활동해온 쇼호스트의 경우는 더욱 이 틀에서 벗어나지 못한다. 그래서 경험이 적고 프로패셔널이 조금 부족하더라도 모바일라이브에서 경험을 쌓은 진행자를 더 선호하는 추세이다.

모바일라이브는 단순히 플랫폼만 TV에서 모바일로 넘어온 것이 아니다. 그 이상으로 채널도 다변화됐고 홈쇼핑만 물건을 판매하는 것이 아닌 검색 엔진부터 각종 기업들도 맘만 먹으면 라이브커머스를 진행할 수 있다. 또한 라이브커머스 진행자는 누구나 될 수 있으며 정해진 방식이 없다.

때문에 활용할 수 있는 장점을 활용해야 한다. 모바일에서만 가능한 방식으로 방송을 진행해야 하며 기존의 틀을 벗어나 즐겁고 재밌게 1시간 동안 시청자들이 일단 시청할 수 있도록 만드는 것이 쇼호스트의 역량이다. 구매하러 들어오지 않았더라도 쇼호스트의 진행이 재미있으면 유튜브처럼, 1인 방송처럼 틀어놓고 구경은 가능하다. 그 속에서 판매로 전환된다면 정말로 좋은 일이고 아니더라도 어쩔 수는 없다.

하지만 여기서 중요한 것은 재미로라도 시청자들을 1시간씩 머무르게 하는 힘이 쇼호스트에게 있다는 것이다. 당장 방송에서는 구매하지 않았다 하더라도 고객들은 잠재고객으로 남게 되며, 이것이 방송한 업체에는 큰 힘이 된다. 당장의 라이브커머스는 매출전환이 크게 되지 않기 때문에 재밌는 라이브 방송으로 시청자들이 라방에 익숙해지는 것, 그리고 이 익숙함이 결국에는 구매로 이어지게 되는 것을 목표로 하는 것이 좋다. 그 기본에는 재밌는 진행과 뻔하지 않은 구성이 전제된다.

2

제품 카테고리별
판매 꿀팁

1. 식품

무조건 잘 먹어야 된다. 식품은 무조건 먹방이라는 본질을 잊으면
안 된다. 가끔 식품 방송할 때 제품에 대한 자세한 설명과 어떤 재료
로 만들어졌는지에 대해 설명을 오래하거나 제품 만드는 과정을 오
래 보여주는 경우가 있다. 모두 탈락이다.

식품은 무조건 맛있게 잘 먹어야 한다. 그리고 즐거워야 한다. 식
품 라이브커머스 방송은 유튜브나 아프리카TV의 연장선이라는 점
을 잊으면 안 되며, 즐겁고 맛있게 많이 먹는 것이 포인트다. 대부분
의 초보 진행자들이 실수하는 것이 식품 방송인데 말이 너무 많고
설명을 많이 하는 것이다. 많은 진행을 통해 매출을 통계로 내본다

면 알 것이다. 적게 말하고 많이 먹었을 때 식품은 많이 팔린다. 제품을 맛있게 먹으면서 유튜브나 아프리카TV에서 파생된 먹방의 형태로 진행한다. 먹방은 시청자들과 꾸준한 소통과 퀴즈 등의 이벤트로 이목을 끌면서 한 시간동안 방송을 보게 하는 힘이 있다.

2. 건강기능식품

건강기능식품에서 가장 중요한 것은 인증과 원료이다. 원료에 대해 정확하게 알고 있어야 하며 이 부분에 대한 사실관계를 정확히 파악하고 있어야 한다. 또한 인증을 받았는지 시험성적서가 있는지에 따라서 건강기능식품의 신뢰도가 확연히 달라지기 때문에 방송 전에 확인이 중요하다. 건강기능식품은 식약처에서 인정을 받아야 되고 효능과 효과를 검증받아야만 명명할 수 있는 명칭이다.

　따라서 건강기능식품의 경우 어떤 부분에서 효능과 효과를 인증받았는지 확인하고 이 효능과 효과를 내는 원료를 정확히 공부해야만 한다. 그리고 후에 방송에서 ○○에 도움을 줄 수 있다고 언급하는 것이 제일 중요하다. 방송에서 언급하는 것에는 한계가 있지만, 건강기능식품을 체험해 본 쇼호스트의 간증은 직접 경험한 것이기 때문에 자유롭게 언급할 수 있다. 따라서 제품의 효능과 효과, 원료 그 다음으로 중요한 것이 쇼호스트의 간증과 체험기이다. 여기서 쇼호스트의 경험과 말주변에 따라 매출이 현저히 달라지는데, 시청자들도 명확히 이 부분을 인지하고 있다. 쇼호스트의 말이 진정으로 경험에 의한 것인지, 방송을 위한 멘트인지… 따라서 제대로 제품을 체험하고 느끼면서 정확하게 간증하는 것이 건강기능식품의 포인트이다.

또한 신뢰도 있는 방송을 이끌어가는 것도 중요하다. 건강기능식품은 건강과 직결된 제품이기 때문에 진행자의 말투나 행동 하나하나에 신뢰가 생기기도 하고 깨지기도 한다. 꼼꼼하고 정확하게 설명하는 것이 필요하며, 어떤 방송 보다도 딕션과 발성이 중요하다.

3. 뷰티

뷰티에서 가장 중요한 건 브랜드와 성분이다. 브랜드가 좋아야 잘 팔리는 것이 현실이며, 아니면 성분이 엄청나게 좋거나 요즘 유행하는 성분이 들어가 있어야 한다. 그러나 방송인의 입장에서 중요한 것은 시연이다.

뷰티는 직접 바르고 효과를 느껴볼 수 없기 때문에 쇼호스트의 고급스러운 핸들링과 함께 섬세한 시연이 중요하다. 그리고 뷰티 제품을 통해 비포, 애프터를 명확하게 보여주는 것도 필요하다. 컨실러로 정확하게 잡티를 커버하고 팩트로 칙칙한 피부를 화사하게 바꿔줘야 한다. 기초 스킨케어의 경우 1~2주간 제품을 사용하며 환해진 피부를 보여주는 것도 중요하고, 방송에서 바로 시연을 하며 피부에 빠르게 흡수된다든지, 발림성이 좋다든지 하는 장점을 보여줘야 한다.

그리고 후기도 굉장히 중요한데, 다른 제품군에 비해 뷰티는 후기를 하나하나 보여주는 경우가 많다. 방송 한 시간 동안 제품의 장점을 모두 설명하고 피부의 변화를 보여주는 것이 굉장히 어렵기 때문에 제품을 오랜 기간 사용하거나, 제품을 사용하며 느낀 소비자들의 진짜 후기들이 판매에 굉장히 많은 도움을 준다.

4. 패션

패션은 라이브커머스에서 현재 좋은 반응을 끌고 있는 장르 중 하나이다. 다른 방송과 달리 의상을 갈아입어야 하기 때문에 편안한 분위기에서 블라우스나 외투 위주로 진행을 하며, 혼자 진행하는 것은 불가능하다고 볼 수 있다. 세로 화면으로 전체적인 코디와 핏을 한눈에 볼 수  있고 비율이 좋아 보인다는 장점이 있다.

패션 방송을 맡았다면 가장 중요한 것은 브랜드와 소재, 디자인이다. 판매할 브랜드의 컨셉을 잘 파악해서 데일리룩, 편안한 오피스룩, 파티룩 등 브랜드 이미지를 떠올렸을 때 소비자들이 어떤 이미지를 생각하는지 매칭시켜 설명해야 한다. 또 해마다 디자인, 컬러가 바뀌기 때문에 올해 나온 디자인인지 작년 상품인지도 파악해야 한다. 다음으로 제품의 소재와 혼방 비율을 체크하고 핏을 체크한다. 의상은 종류별로 색상이 여러 개이기 때문에 다 착용할 수 없다. 리허설 때 해당 디자인의 장점과 커머스크리에이터를 잘 살릴 수 있는 컬러를 선택해서 착용하고 나머지 색상은 들어서 보여준다.

시간이 남을 때를 대비해 추가 의상과 다른 색상의 의상을 준비하는 것이 좋다. 준비가 끝나면 라이브커머스의 장점인 실착용 후, 전체적인 핏과 움직임을 이용해 시청자들에게 장점 위주의 소구 포인트를 잡아 보여준다

　"허리 라인이 강조 됐어요."

　"밴딩으로 편해요."

　"딱 떨어지는 기장이에요." 등등

　마지막으로 중요한 점은 패션인만큼 여러 의상을 입을 수 있게 슬림한 체형을 유지해야 한다.

5. 잡화

[테크월드뉴스=방제일 기자] 명품 브랜드 판매 플랫폼 브이럽(VLUV)이 인플루언서 최라벨(본명 최유진)과 쇼호스트 희타민(본명 권성희)이 함께 명품 브랜드 입생로랑 기획전을 진행한다.

앞서 진행했던 입생로랑 기획전을 통해 많은 사람들의 뜨거운 관심에 힘입어 또 한번 0.

최라벨(최유진)×브이럽 콜라보로 진행했던 생로랑 명품백 잡화방송
(최라벨, 희타민 진행)

진정한 의미의 라이브커머스라고 볼 수 있었던 생로랑 방송은 최라 벨님의 인스타그램 라방을 통해서 진행했다. 오로지 셀러의 영향력 을 바탕으로 선주문, 그리고 라방을 통해 모든 제품을 완판시켰다. 잡화 방송의 경우 가장 중요했던 것은 브랜드 아이덴티티를 잘 드러 내는 착장과 코디였다. 생로랑 특유의 분위기를 잘 드러내는 의상과 헤어, 메이크업을 통해 잡화를 코디해주는 형식으로 진행했다. 또한 잡화의 경우 재질, 수납공간 그리고 어떤 코디에 잘 어울리는지 등 을 잘 보여주는 것이 중요하다. 시청자분들의 질문을 통해 원하는 느낌을 물어본 뒤 실제 추천한 제품들이 방송 중에 많이 나갔다. 그 리고 중요했던 것은 역시나 브랜드와 가격이었다.

166

6. 리빙 & 가전

리빙과 가전에서 가장 중요한 것은 경험이다. 이 부분은 노력만으로 안 되는 경우가 있다. 살림을 해봤거나 아이를 키우지 않았다면 아무래도 멘트에서 경험자에 비해 부족함이 묻어난다. 그러나 그 부족함은 제품 공부를 통해 어느 정도는 극복할 수 있다.

크린위즈 발포크리너 100정 구매 시, 올인원 크리너 1개 증정

리빙의 경우는 생활을, 필수품의 경우는 가격이나 브랜드에 따라 팔리기도 하지만 인테리어 소품을, 침구의 경우는 사치품이기 때문에 시청자분들의 환상을 자극해줘야 한다. 꼭 필요한 물건이 아닌 경우는 시청자분들께 이 제품을 왜 사야 하는지, 이 제품으로 인해 삶의 질이 얼마나 나아질 수 있는지 등등 구매 욕구와 환상을 자극하는 것이 필요하다.

가전의 경우는 제품 공부가 제일 중요하다. 상품 상세 페이지를 통해 제품의 사양을 직접 확인할 수 있지만, 그 성능과 크기를 보는 것은 힘들다. 이 또한 시연을 통해 해결할 수 있는데, 전자제품을 직접 가동해보고 그 결과값과 출력물을 보여주며 시청자들의 궁금증을 즉각적으로 해결해주는 것이 필요하다. 가전제품이야말로 제품의 정보와 함께 정확한 시연이 가장 중요한 분야이다.

3
라이브커머스는
'케미'

라이브커머스에서 가장 중요한 것은 케미이다. 방송에서의 케미는 정말 중요한 것으로, 1시간을 라이브로 진행해야 하는 라방의 경우 특히나 그 케미가 중요하다. TV 홈쇼핑은 방송 중간 쉬는 타임도 있고, 진행자들 간의 역할이 명확히 정해져 있다. 그리고 정해진 내용을 읊으면 되기 때문에 사실상 내용을 잘 숙지하고 방송에 들어간다면 큰 틀은 바뀌지 않는다. 그러나 모바일라이브의 경우는 다르다. 대략적인 내용이 정해져 있지만, 댓글과 실시간 소통이라는 변수가 있어 쉴 없이 1시간 내내 이야기해야 하므로 케미는 정말 중요하다. 단독 진행을 제외하고는 어떤 파트너를 만나느냐에 따라서 진행자가 빛나 보이기도 하고 못나 보이기도 한다.

예를 들어 나는 온갖 드립과 농담을 섞어서 방송하는 사람이라

고 치자. 그리고 그게 캐릭터이고 시청자들이 좋아하는 모습일 수 있다. 하지만 조용하고 차분한 성향의 사람과 방송한다면 서로 티키타카(말을 주고받는다는 은어) 자체가 이뤄지지 않아서 나는 그냥 혼자서 떠드는 사람이 될 뿐이다. 하지만 비슷한 결의 사람과 방송한다면 티키타카가 제대로 이루어져, 그 방송은 엄청난 시청자 수와 함께 시청자들이 즐거운 방송이 될 수 있다.

또 다른 경우는 상대방이 너무 말을 못한다거나 과한 욕심으로 자꾸 진행을 주도하려 할 때이다. 그 경우 메인 진행자는 서브 진행자의 무리한 욕심과 과한 멘트를 수습하다가 방송을 망치는 경우도 있다.

일전에 말을 잘 못하는 미숙한 진행자가 서브(게스트)로 들어와 함께 방송을 한 적이 있었다. 라이브커머스 방송의 경우는 오디오가

방송에서 나이는 중요하지 않다. 오로지 경력과 경험이 중요하다. 내가 그 방송에서 메인이라면 정확히 주도권을 잡아야 하며, 주도권을 잡은 뒤에는 게스트가 방향을 잃고 있을 때 확실히 끊어주고 늘어질 때는 호스트가 진행을 해야 한다. 게스트가 말하고 있더라도 방송의 흐름을 끊는 멘트를 하고 있다면 적절히 중지시키는 것도 호스트의 능력이다.

4
라이브커머스 시장에서 경쟁력을 갖는 법

1. 판매력 있는 한국형 왕훙이 되라!

» 커지는 라이브커머스 시장, 진행자의 경쟁력이 필요하다

현재 라이브커머스 시장의 미래를 다양한 방식으로 예측하고 있다. 앞으로 시장이 더 커질 것이다. 혹은 이 시장은 사라질 것이고 V커머스 형태로 바뀔 것이다. 소수의 탑 쇼호스트만 남고 모두 사라질 것이다. 그러나 나는 그리고 이 책의 저자들은 공통적으로 생각한다. 결국 '잘 파는' 진행자만이 남을 것이라고. 그렇다면 잘 파는 진행자는 어떤 사람일까?

예쁜 비주얼의 말을 잘하는 쇼호스트? 아니다. 이제는 인스타그램 마켓이라는 플랫폼에서, 블로그라는 플랫폼에서, 공동구매를 하

며 팬층을 가지고 있는, 그래서 실제로 판매를 하고 있는 사람들이 결국 라이브커머스의 진행까지 담당할 것이라고 본다. 이들은 플랫폼만 다를 뿐 꾸준히 파는 역할을 담당하고 있으며, 그들의 물건을 더이상 사진이나 텍스트로만 파는 것이 아니라 실시간 방송을 통해 판매하는 방식으로 바꾸고 있다. 결국 이 시장에서 오래 살아남고 싶다면, 경쟁력을 갖고 싶다면, 판매력을 갖춘 셀러가 되어야 한다.

앞에도 말했듯이 라이브커머스 진행자로 섭외된 후 페이를 받는 방식은 언제 사라질지 모른다. 현재 라이브 방송의 매출 전환이 잘 안 되고 있고 적자가 계속 되고 있는 상황이기 때문에 매출이 발생하지 않는 방송을 계속 진행할 바보는 없다. 경쟁력을 갖기 위해서는 라이브커머스 진행자 스스로 셀러가 되어야 하며, 자신의 물건을 갖고 있어야 한다. 그리고 페이에만 의존하는 것이 아닌 수익 쉐어 방식으로 진행해야 한다. 앞으로는 그렇게 변해 갈 것이므로 수익 쉐어 방식에도 당당하게 방송을 진행할 수 있는 진행자가 되어야 한다. 그것이 경쟁력이고 이 시장에서 롱런하는 길이다.

2. 캐릭터 설정은 명확하게!

갑자기 커진 라이브커머스 시장의 수많은 진행자들. 이 경쟁 속에서 살아남으려면 개인 브랜딩과 캐릭터 설정이 필요한데, 현재 많은 사람들이 하고 있는 것이 닉네임 설정이다. 기존의 TV쇼호스트와는 다르게 이 시장은 과거의 MC시장처럼 자신만의 닉네임을 설정하고 이를 밀고 나간다.

닉네임 혹은 별명을 설정할 때는 자신의 아이덴티티를 잘 드러내거나 혹은 친근함을 드러내는 이름이면 좋다. 공구 시장의 유명한 인플루언서들은 이미 양쥐언니, 크리스탈리, 블랑두부, 춈미 등의 별명 및 이름을 가지고 있고 쇼호스트 분야도 비슷하게 흘러가고 있다. 또한 TV쇼호스트와는 분명히 다른 세계이기 때문에 발성과 딕션, 그리고 스피치 능력보다는 캐릭터와 브랜딩으로 승부하게 될 것이다. 플랫폼이 모바일로 넘어오며 진행자의 재미있는 진행과 어떤 사람이 진행하는지도 중요해졌다.

» 정확히 공략할 분야를 설정하고 집중적으로 개발하라!
아무것이나 다 파는 진행자도 좋겠지만, 이는 브랜딩을 할 때 치명적일 수 있다. 내가 어떤 사람인지 어떤 아이덴티티를 가지고 판매하는지를 설정하기 위해서는 자신의 분야를 확실히 정하고 집중적으로 그 분야를 개발하는 것이 좋다. 정확한 분야를 정하는 것은 나의 스토리를 만들기 좋으며 진정성으로 다가온다.

예를 들어 나의 강점은 피부이다. 타고난 면도 있고 꾸준히 관리하는 영향도 있다. 좋은 피부는 건강한 이미지와 함께 고급스러운 이미지를 선사한다. 나는 이 부분에 대해 명확히 인지하고 있기 때문에 좋은 피부를 더 좋아 보이게 만들 여러 방법을 사용하고 있다. 피부에 좋다는 영양제는 다 먹고 있으며, 남들 하는 시술은 물론이거니와 피부관리 그리고 홈케어까지 피부에 관한 건 모두 하고 있다. 심지어 20대인데도 말이다. 그리고 이걸 혼자 하는 것으로 끝내지 않는다.

모든 것을 콘텐츠로 남긴다. 인스타그램 게시물부터 스토리까지. 그렇게 꾸준히 피부에 대한 게시물을 노출시키고 나니 내게 오는 디엠의 대부분은 피부에 관련된 제품들이다. 이렇게 피부에 관한 게시물의 반응이 좋다는 것을 알고 난 뒤로 피부 관련 게시물을 더욱 올리고 있다. 공동구매를 진행하더라도 콜라겐이나 피부 보습제의 경우 다른 제품에 비해 매출이 훨씬 뛰고 있고, 방송 섭외도 뷰티 쪽으로 꾸준히 들어오고 있다. 이처럼 모든 것을 다 잘하는 사람보다는 하나에 특화된 사람이 좋다. 그리고 그 분야를 파고들어야 한다.

나와 다른 케이스는 운동하는 여자들이다. 운동에 관한 콘텐츠를 많이 올리고 꾸준히 관리하는 모습을 보여주는 분들이라면, 할 수 있는 범위가 다양해진다. 요즘은 건강기능식품이 대세이기 때문에 건강과 관련된 모든 것을 할 수 있으며 식품, 영양제, 피트니스 용품, 필라테스 복 등 다양한 분야의 제품을 판매할 수 있다. 한 가지 분야를 정해서 집중적으로 개발하는 것이 브랜딩에서 가장 중요한 부분이고 진행자로서도 꼭 필요한 요소이다.

3. 방송만 잘하는 쇼호스트? NO 결국 잘 파는 쇼호스트만 남을 것

라이브커머스 시장으로 넘어오면서 쇼호스트의 개념이 없어졌다. 라이브커머스 방송 진행 경험이 한 번이라도 있으면 다들 쇼호스트라고 하는데, 그만큼 이 시장의 진입장벽이 낮아졌다는 것을 의미한다. 배우, 모델, 개그맨 등이 나와서 판매를 하고 있고 전문방송교육을 받지 않은 인플루언서들도 판매를 한다. 그런데 매출은 오히려 잘나온다. 이 시장에서 중요한 것은 방송을 잘하고 말을 잘하는 것이 아니라는 결과이다. 말은 좀 어색해도 웃길 수 있고 발성은 안 좋아도 유명할 수 있다. 즉, 라이브커머스 시장에서의 진행 능력이 크게 중요하지 않으며, 다른 부수적인 요소들이 시장에 영향력이 있다는 얘기다. 이제 라이브커머스 진행자로서 노력하고 신경 써야 할 것은 하나 뿐이다. 잘 파는 사람이 되는 것이다. 잘 파는 사람이 곧 라이크커머스의 진행자이자 쇼호스트가 되는 시대가 될 것이다.

5
갑자기 커지는 시장, 온 홈쇼핑을 돌다
−이제는 내가 만드는 방송을 꿈꾼다

1. 현대홈쇼핑, 신세계TV쇼핑, NS홈쇼핑 모바일라이브 출연

감히 단언컨데 나만큼 다양한 홈쇼핑의 모바일라이브에 출연한 사람은 없다. CJ 쇼크라이브를 통해 라이브커머스 시장의 가능성을 조금 빠르게 느껴 본 사람으로서 다양한 채널에서 활동하고 싶었고 그래서 현대홈쇼핑, 신세계TV쇼핑 등의 모바일라이브에 지원했다. 모든 라이브커머스에 최종까지 갔고, 탑 5 안에 들었다. 당시는 라이브커머스 경력이 있는 사람이 나밖에 없었고 진행은 좀 더 매끄러울 수밖에 없었다. 열심히 했고 경연도 잘했지만 결국엔 떨어졌다. 각 홈쇼핑에서는 자신들이 키우는, 우리 방송국에서만 활동해줄 사람을 원했다. 그때는 CJ를 포기할 수 없는 입장이었기 때문에 모바일

라이브에 출연한 것만으로 만족해야 했다. 물론 그때의 인연으로 많은 진행자들을 알게 됐고, 지금은 그 친구들이 승승장구해서 라이브 커머스 시장에서 활발히 활동 중에 있다.

그리고 2020년 새로운 기회가 왔다. NS홈쇼핑의 모바일라이브 띵라이브 출연. NS홈쇼핑은 하림, 하이포크 등을 기반으로 오랜 식품 강자로 군림해왔던 기업이다. 워낙 자본구조가 탄탄하고 제품이 좋아서 출연하는 것만으로도 영광이었다. 2020년 첫 출연만으로도 네 개 홈쇼핑에 출연하게 된 것에 기뻐하고 있었는데, 현재까지도 띵라이브 안방마님으로 활동하고 있다. 쇼크라이브 덕분에 식품방송을 자주 진행했고 이 경험을 바탕으로 띵라이브에서도 다양한 모습을 보여드릴 수 있었다. 또한 NS홈쇼핑이라는 기업에서 제공하는 우수한 브랜드들을 방송할 수 있어서 매번 방송할 때마다 감사하며 방송할 수 있었다.

2018년 CJ오쇼핑, 2019년 현대 그리고 신세계TV쇼핑, 2020년 NS홈쇼핑을 거치며 성장했고, 현재 쇼크라이브와 띵라이브에서 전속으로 활동하고 있다. 라이브커머스에는 2017년 첫 발을 내디뎠고 이를 계기로 현재 라이브커머스 열풍에 성공적으로 탑승할 수 있었다. 이제는 홈쇼핑을 넘어 다양한 플랫폼에서 활동하고 있으며, 더 큰 미래를 꿈꾸고 있다. 플랫폼의 영향력에 기대 의지하는 판매가 아닌, 권성희라는 셀러의 영향력으로 판매하는 것이 최종목표이다.

2. 중소기업유통센터와 함께하는 공영홈쇼핑, 홈앤쇼핑 라이브커머스

CJ오쇼핑, 현대홈쇼핑, 신세계TV쇼핑, NS홈쇼핑을 거쳐 이제는 공영홈쇼핑, 홈앤쇼핑의 모바일라이브까지 진출 중이다. 내가 정말 많은 연을 가지고 있는, 내 라이브커머스 경력이 모두 중소기업유통센터와 연관되어 있다고 해도 과언이 아닌 중기청과 함께 하는 프로젝트다.

세상에 말 잘하는 쇼호스트는 너무 많다. 실력보다 브랜딩이 잘된 쇼호스트가 살아남고, 쇼호스트의 역량보다는 업체의 바이럴이 판매를 좌지우지한다. 그렇다면 이 흐름에서 쇼호스트는 무슨 역할을 해야 할까? 좋은 업체와 함께 가며 그 업체의 바이럴 광고에 편승해 매출을 많이 내는 쇼호스트가 될 것인가? 물론 이것도 좋은 방법이기는 하다. 그러나 나는 좀 더 주체적으로 나의 길을 개척하기로 했고, 그렇게 시작한 것이 공동구매였다.

쇼호스트의 역량이 판매에 큰 영향을 끼치지 못한다 하더라도 공동구매 셀러, 공동구매 인플루언서의 경우는 말이 조금 달라진다. 나의 제품을 가지고 이를 전속으로 파는 셀러, 그리고 실제로 이것이 판매에 영향을 미치게 만드는 공동구매 인플루언서가 된다면 쇼호스트로서의 역량은 달라진다. 어차피 매출을 광고 덕이라며 내 실력을 키우지 않는 쇼호스트가 될 것인지, 매출에 내가 실제로 영향을 끼치고 내 플랫폼에서 내 제품을 판매하는 셀러가 될 것인지는 여러분의 선택이다.

　실제로 중소기업유통센터에서는 홈앤쇼핑 모바일라이브를 시작으로 디지털유통벤처가 되기 위한 프로젝트를 시작했다. 디지털 유통벤처란, 벤처기업처럼 1인 셀러가 하나의 유통벤처기업이 되는 것을 목표로 한다. 홈쇼핑 모바일 어플리케이션 1위인 홈앤쇼핑 모바일라이브를 시작으로 디지털 유통벤처들은 자신의 브랜딩을 위해 노력할 것이다. 쇼호스트만 돈을 벌어가는 구조가 아닌 매출 분배방식을 통한 브랜드와 함께 성장하는 셀러로 성장할 예정이다. 이 속에서 디지털유통벤처 개개인은 자신의 브랜드를 방송하거나 자신이 함께 하고 싶은 브랜드(중소기업)를 방송에 제안해 함께 기획하고 방송을 진행할 수도 있다.

　홈앤쇼핑 모바일라이브를 시작으로 셀러들은 개인역량을 키워나갈 예정이며, 중소기업유통센터와 함께 디지털 유통벤처가 되기 위한 노력을 할 예정이다. 이 프로젝트에서 나는 1호 디지털 유통벤처가 되기 위해 노력할 것이며 벤처기업 수준의 매출을 목표로 꾸준히 성장하려고 한다. 그리고 이 프로젝트를 감히 한국형 '왕홍' 만들기 프로젝트라고 명명하고 싶다. 판매의 주체가 될지 말지는 여러분들의 선택이다. 라이브커머스 시장이 어떻게 변할지는 현재 아무도 예측하지 못하고 있다. 그러나 분명한 것은 셀러 개인의 역량을 키운 사람은 이 세계에서 무조건 살아남는다.

PART
5

SNS 마켓으로
진정한 커머스 사업가 되기

인플루언서   개성   리뷰어   스토리텔링

진실성   팔로워 기반   신뢰   전문성

　　이상적인 셀러는, 파급력이 큰 인플루언서이면서 본인만의 독특한 개성 및 특성을 갖고 있고, 진실성과 탄탄한 스토리텔링을 바탕으로 팔로워들과 신뢰 관계를 유지한다. 또한 팔로워들은 좋은 리뷰를 작성하고 주변에 입소문을 내면서 자발적 열성 고객이 된다. 셀러가 곧 브랜드의 이미지가 되기 때문에, 정보를 전달하고 소통함에 있어서 전문적으로 접근해야 한다.

2. 누가 셀러를 하는가?

일단 '투잡으로 한번 시작해 볼까' 정도로 가볍게 생각할 일이 결코 아니다. '단순히 사진만 인스타그램에 찍어서 올려놓으면 되는 거 아니야?'라고 생각하고 열심히 사진을 올렸는데, 막상 구매로 이어

● 셀러의 하루(셀러의 하루 예시)

하루 일과	월	화	수	목	금	토	일
오전 7시	오늘의 할 일, 계획 세우기						
오전 8시	상품 테스트 고객 CS 처리, 기업과의 이메일 소통 상품 촬영: 이미지, 영상 → 편집 및 글쓰기 곤텐츠 포스팅					다음주 일정 계획	
오전 9시							
오전 10시							
오전 11시						일상 포스팅	
오전 12시	점심						
오후 1시	관공서 업무(은행, 국세청, 구청, 동사무소) 상품 포장 및 배송 준비					상품 소싱 준비: 백화점 박람회 플리마켓	
오후 2시							
오후 3시	상품 촬영: 이미지, 영상 → 편집 및 마켓형 글쓰기 마켓 오픈 준비: 결제창, 상세페이지, 프로모션 확인 콘텐츠 포스팅						
오후 4시							
오후 5시							
오후 6시							
오후 7시	저녁						
오후 8시	댓글 소통, DM 확인					일상 포스팅	
오후 9시							
오후 10시	라이브 진행						
오후 11시	인스타그램 트렌드 리서치						
오후 12시							

지지 않아서 실패했던 경험이 있을 것으로 예상한다.

사진 촬영에 2~3시간이 걸리고, 글 작성과 소통 시간까지 생각한다면, 출근시간이나 본인의 고정 노동시간 이외에 시간 할당이 필요하다. 또한 팔로워는 어느 정도 '팬덤' 수준이어야 하는데, 지속적인 팔로워 관리를 위해 하루 1~2시간 투자는 필요하다. 수많은 질문에 대한 능숙하고 친절한 답변 역시 결코 쉬운 일이 아니다. 특히 요즘은 라이브 방송을 많이 할수록 판매량이 늘어나는 경우가 많아 라이브 방송도 늘리는 추세이다.

라이브 방송에서 팔로워들은 전문가 못지않은 날카로운 질문을 쏟아내는 경우가 많다. 제품에 대한 특징과 성분, 효능은 물론이고 웬만한 지식은 숙지해야 살아남을 수 있다. 또 한순간 말 실수를 해서 오랜 기간 쌓아온 신뢰를 잃을 수도 있다. 때문에 센스와 노력, 그리고 끊임없는 공부는 기본이다. 전업 셀러의 경우 일반 회사원보다 더 많은 시간을 업무에 투자하는 경우가 많고, 아침부터 밤까지 일과 삶의 단절이 없다. 주말에도 포스팅과 소통을 해야 하기 때문에 휴일을 갖기도 쉽지 않다. 셀러의 하루를 보면, 오후 12시까지 끊임없이 이어진다. 트렌드 리서치를 하며 친한 셀러들과 잠들기 전까지 아이템 이야기를 하다가 잠들고, 주말에는 정보전달 포스팅을 위해 핫플에서 사진을 찍어야 한다.

이에 더해 셀러는 1인 사업이기 때문에 제품 소싱을 위해 협업사 (거래처)와 원만한 의사소통 관계를 유지할 수 있는 의사소통 능력,

팔로워들의 악플이나 컴플레인 DM을 감수할 수 있는 대인배 같은 마음도 필요하다. 때로는 비대면이기 때문에 오프라인 매장에서 물건을 판매하는 것보다 더 많은 질문이 쏟아지기도 하고, 예기치 못한 사고로 인한 AS이슈, 배송지연 등이 발생할 수도 있다. 추후 세금 관련법을 잘 숙지해야 하고, 규모가 더 커지면 직원관리까지 필요하다. 사업가의 마인드를 갖고 책임감 있게 그리고 끈기 있게 시도해볼 사람이라면 도전을 추천한다.

3. 공동구매 원리

이제 셀러를 할 준비가 되었다면, 공동구매 비즈니스 모델에 대해 설명할 차례이다. 공동구매는 소비자와 생산자, 셀러 모두 WIN-WIN인 구조로 소비자는 혼자 살 때보다 훨씬 저렴한 가격에 제품을 구매할 수 있고, 판매자는 여러 단계의 중간 유통 과정을 거치지 않고, 셀러에 의해 바로 최종 소비자에게 다가갈 수 있다는 이점이 있다. 이로 인해 중간 유통 마진이 줄어들고, 셀러는 중간 유통 채널의 역할을 하며 마진을 받는다.

» 수수료율 – 마진이란 판매 금액에서 상품 원가를 뺀 순수 이윤을 의미한다.

카테고리별 마진의 경우, 의류는 판매가를 매입 금액의 1.6~3배로 책정한다. 화장품 혹은 건기식류는 35~50%의 할인가로, 음식류는 10~30% 할인가로, 전자기기류는 10~20% 할인가로 매입하는 것이 일반적이다. 근래에는 코로나로 인해 수출길이 막혀 더 큰 할인률로 화장품이나 면세 제품들이 공동구매 시장에 풀리기도 한다.

2

**준비된
셀러되기**

1. 셀러로 시작하는 첫 단추

인스타그램에서 셀러로 활동하는 일련의 과정은 우선 셀러 지원에
서부터 시작된다. 주변의 권유를 받거나 DM을 통해 벤더사로부터
제품을 제안받는 경우도 있지만, 셀러가 되고자 한다면 본인이 직접
셀러 플랫폼에 지원하여 심사 및 선정 과정을 거칠 수 있다.

셀러를 시작함에 앞서 가장 중요한 것이, 인스타그램 공구/마켓
을 준비 중이라면 합법적인 운영을 위해 사업자등록을 만들어야 하
며, 통신판매업 신고도 진행이 필요하다. 일정 수준 이상의 수익이
꾸준히 발생한다면 세금처리 또한 놓쳐서는 안 된다. 사업자등록증
은 인터넷으로도 발급 가능하기 때문에 반드시 만들어서 사업자등

록을 한 후에 판매하는 것이 중요하다.

다음으로 중요한 것은, 인스타그램 팔로워를 최소 1,000명 이상 만들어놓는 것이다. 100명의 팔로워가 있고, 90명이 물건을 구매하는데 실제 팔로워 수가 무슨 상관이지?라고 생각하는 사람도 있을 수 있다. 하지만 팔로워 수는 구매자뿐 아니라 업체 입장에서도 중요하다. 업체에서 셀러를 직접 찾을 때, 팔로워 수를 참고하기 때문에 최소 기준은 맞추는 것이 좋다.

셀러 선정 후에는 본인이 판매할 제품을 선택하고, 해당 샘플을 구매 혹은 무상지원 받아 일정 기간 직접 사용해본다. 사용 후 공구 진행 의사가 있을 시 일정을 확정하고, 사용 중에 실제 사용 과정을 촬영하여 콘텐츠를 완성한다. 추후 실제 공구 일정에 따라 공구 전 사전 홍보를 진행하고 이후 공구 마감 후 주문서를 취합한다. 이때 본인이 직접 취합하거나 브랜드사의 링크를 사용하여 추후 정산받을 수도 있다. 직접 주문서를 취합할 때는, 네이버 스마트스토어, 블로그페이 등 결제 연동 시스템을 사용한다. 이후 송장번호를 공유받으면 고객에게 전달하고, 배송이 잘 되었는지 확인하고 기타 이슈에 대해 고객과 항시 소통한다. 이 일련의 과정은 공구 1회가 진행될 때의 과정이고 보통 한 달에 4~8회 제품 공구를 진행한다. 따라서 타이트한 스케줄링이 중요하다.

● 셀러

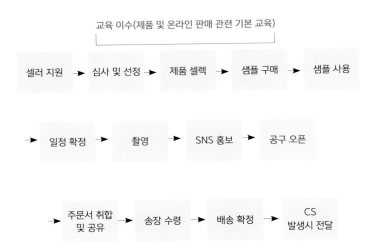

교육 이수(제품 및 온라인 판매 관련 기본 교육)

셀러 지원 → 심사 및 선정 → 제품 셀렉 → 샘플 구매 → 샘플 사용

→ 일정 확정 → 촬영 → SNS 홍보 → 공구 오픈

→ 주문서 취합 및 공유 → 송장 수령 → 배송 확정 → CS 발생시 전달

2. 셀러 유형 : 셀럽형, 전문가형, 카테고리 킬러형, 만물상형

인스타그램 공구 진행이 필요한 브랜드들은 높은 팔로워 수를 자랑하는 인플루언서들에게 끊임없이 DM(다이렉트 메시지)을 보내 브랜드를 설명하고, 다른 유통 채널보다 높은 수수료(20~50%로 제품별, 셀러별 상이)를 제안하며 판매를 요청한다. 이때, 팔로워 수 못지 않게 중요한 것이 팔로워의 '구성'이다. 좋은 제품을 선점하기 위해서는 해당 계정의 팔로워가 구매력이 있는 '진짜' 소비자층인지 브랜드에 입증시켜야 한다.

팔로워의 구성은 그 계정이 어떤 페르소나를 가진 계정인지에 따라 달라지는데, 인스타그램 계정의 특성을 아래와 같이 임의로 나누어보았다. 피드에서 일관된 소구를 위하여 현실의 삶에서 더 확장하거나 새로운 페르소나를 확정지어 놓은 후, 이를 잘 표현하는 것이 중요하다. 네 가지 유형은 본인이 어떤 유형에 속하고 발전해나 갈지를 생각해보면 도움이 될 것이다.

셀럽형

브랜드 사나 고객들의 입장에서는 팔로워 수가 많고 '좋아요' 수가 많은 셀럽들이 무조건 물건을 잘 판매하고 매출도 많이 나올 것으로 생각한다. 대기업에서는 공구 진행 인원 제한을 최소 팔로워 10만 이상으로 정해놓기도 한다. 하지만 실제로 필드에서 많은 셀럽들과 셀러들을 접하다보면 기대했던 것과는 전혀 다른 결과가 나와서 당황하기도 하고 놀라움을 금치 못할 때도 많다. 메가 셀럽이 인스타그램 마켓에서 하나도 판매를 하지 못하는 경우도 허다하고, 반드시 인스타그램 셀럽이라고 해서 셀러로 성공하는 것도 아니다. 예를 들어, 외국인 팔로워 비율이 80% 이상이고, 20만 정도인 셀럽은 셀러보다는 협찬을 통한 인플루언서 활동을 하는 것이 수익 창출 측면에서 효과적일 확률이 높다. 이때 팔로워 수가 많은 셀러 중 셀럽으로 전환했을 때 효과가 좋을 사람은 라이브 방송을 많이 하고, 스토리에 본인의 일상을 자주 공유하는 사람으로, 평소 많은 정보 공유로 신뢰를 준 사람이다. 더불어 실제 팔로워 구성 비율은, 한국인 여성 비율이 높은 사람, 타겟 고객의 연령대와 팔로워가 일치할수록 유리하다. 이러한 셀럽 유형과 반대로 오히려 팔로워 수 1만 명 미만의 셀러들이 몇백 개 이상의 수량을 판매하는 경우도 있다. 관건은 얼마만큼 팔로워와 친밀하고, 판매하는 제품과 연관지어 신뢰도를 주었느냐에 달려있다.

전문가형

특정 분야에 대한 중복적인 포스팅으로, 전문가 혹은 준전문가로서 프로패셔널한 모습을 피드에 어필하며 인스타그램에서 활동하는 사람을 말한다. 예를 들어, 전직 영어강사 출신 육아맘의 경우 교육/육아용품을 메인으로 판매한다거나, 구두에 대한 지식과 좀 더 편안한 신발을 선보이고자 하는 열정으로 수제 구두를 만들어 판매한다거나, 피부염에 시달렸던 직장인이 본인의 염증 극복 방법 및 뷰티 케어 팁을 바탕으로 뷰티 제품을 만들어 셀러로 활동하는 것이 이에 포함될 수 있다. 또한 다이어트를 하며 매일 바디 체크 하는 포스팅을 올리는 직장인은 다이어트 카테고리의 셀러가 될 수 있다. 실제로 날마다 운동방법을 공유하는 계정의 경우는 첫 공구 때 레깅스를 수천 개 판매하기도 했다.

더불어, 의사, 변호사, 약사, 한의사, 회계사 등 직업적 전문성을 가진 셀러도 이에 포함된다. 전문가들은 직업적 특성상 높은 신뢰도를 주기 때문에, 그들에 대한 신뢰도가 제품에 대한 신뢰도로 연결된다. 이것을 진정성 있는 스토리텔링으로 본인의 커리어와 해당 제품의 연관성을 잘 설명한다면 일반인들보다 훨씬 높은 매출 효과를 올릴 수 있다.

카테고리 킬러형

굳이 본인의 사생활이나 얼굴을 노출하지 않고도 다이어트 식단, 리빙, 음식, 패션 등 인스타그램 알고리즘인 해시태그를 기반으로 한 카테고리를 집중적으로 파면서 성장하는 경우이다. 이들은 제품을 감성적으로 촬영하거나 카드뉴스 같은 웹 포스터를 지속적으로 포스팅하여 구매로 이어지게 만든다. 계정의 분위기나 카테고리에 맞는 제품을 선정하여 판매한다면 실제로, 비슷한 취향이나 관심사를 공유한 셀러들을 사로잡기 쉬울 것이다.

만물상형

주로 소통으로 이루어진 것. 전문 분야에 대해 포스팅하기 보다는 24시간을 공유하는 계정이다. 특히 육아맘, 주부가 많고 이 경우 공감대 형성으로 두터운 팬층을 갖고 있는 경우가 많다. 판매를 진행하지 않더라도 판매 계정으로 전환했을 때 높은 효과를 볼 수 있다. 다른 유형보다 피드가 정돈되거나 시각적으로 예쁘다는 생각이 들지 않을 수도 있으나 본인의 생활을 구체적이고 솔직하게 노출한다는 특징이 있다.

셀럽형	▶ 절대적인 팔로워 숫자가 매출에 영향을 주는 것이 아님 ▶ 얼마만큼 팔로워와 친밀하고, 판매하는 제품과 연관지어 신뢰도를 줄 수 있는 지가 관건 ▶ 팔로워 구성 비율 중 한국인 여성이 높은가? ▶ 타깃 고객의 연령대와 팔로워가 일치하는가?
전문가형	▶ 특정 분야에 대한 중복적인 포스팅으로, 전문가 혹은 준 전문가로서 프로패셔 널함을 피드에 어필하고 인스타그램에서 활동하는 사람 ▶ 그들에 대한 신뢰도가 제품에 대한 신뢰도로 연결되어 본인의 삶 혹은 커리어 와 해당 제품의 연관성을 잘 설명하는 것이 관건
카테고리 킬러형	▶ 본인의 사생활이나 얼굴을 노출하지 않고 특정 카테고리의 사진을 집중적으 로 올리는 것 ▶ 계정의 분위기나 카테고리에 맞는 제품을 선정하여 판매하는 것이 관건
만물상형	▶ 소통 기반으로 본인의 24시간 라이프를 공유하는 계정 ▶ 주로 육아맘, 주부가 많음 ▶ 본인의 생활을 구체적으로 솔직하게 노출하는 것이 관건

3. 셀러 퍼스널 브랜딩 핵심 TIPS

셀러 유형까지 살펴보았다면, 내가 인스타그램 속에서 어떤 페르소 나(일명 부캐)를 만들고 살아갈지를 구체화하는 것이 필요하다. 이때 중요한 것은 나에 대한 질문과 이해를 바탕으로 스스로 편안하게 스 토리텔링 할 수 있고, 팔로워들도 공감할 수 있는 캐릭터를 형성해 야 한다는 것이다.

너 자신을 알라!

1) 나는 무엇을 좋아하는가?

2) 내 장점은 무엇이고, 무엇을 잘하는가?

3) 내 단점은 무엇이며, 단점을 보완하기 위해 필요한 사람은 누구인가?(아웃소싱을 통해서 N잡을 더 극대화하기 위해 가장 중요함)

4) 어떻게, 얼만큼의 수익을 낼 것인가?

나의 가치관, 장점, 특기 등을 바탕으로 차별화될 콘텐츠가 무엇인지 고민해야 한다. 성장해나갈 목표와 방향을 정하고 꾸준히 공부해야 할 것이다. 어느 정도 구체적인 플랜이 짜여있다면, 나와 비슷한 개성을 가진 사람은 누구인지, 그 사람들과 비교해서 나의 가치를 어떻게 표현할 것인지에 대한 시장분석이 필요하다.

가장 중요한 것은 나의 이미지가 막연히 이랬으면 좋겠다가 아니라 내가 인스타그램 속에서 어떤 사람이 되고 싶고, 어떤 사람으로 비추어지고 싶은지 진지하게 고민해야 한다. 단순히 머릿속으로 생각만 할 것이 아니라 사진, 영상 콘텐츠로 어떻게 표현할 것인지를 구체화하는 것이 필요하다.

스토리텔링하기

나를 되돌아보는 첫 번째 과정은 찰흙으로 구조물을 만드는 데 뼈대를 세우는 과정이라고 보면 된다. 이제는 그 뼈대에 찰흙을 예쁘게 붙여서 하나의 작품을 만들어야 한다. 그게 바로 스토리텔링이다. 나만의 희소성을 위해서는 나만의 스토리가 있어야 한다. 나만의 이야기는 오롯이 나에게서 비롯된다. 뻔한 주제와 재능이라도 나만의 경험과 생각이 녹아들면 세상에 하나뿐인 브랜드가 된다. 꼭 1인자가 되거나 탁월한 성과를 내야지만 특별한 것은 아니다.

처음 브랜드를 만들어갈 때 서두르지 않고 차근차근 나만의 이야기를 풀어나가는 것이 중요하다. 스토리텔링을 잘한 인플루언서 겸 셀러의 한 예로, 아옳이(김민영)가 있다. 그녀는 원래 모델 및 BJ로 활동하다가 본인만의 뷰티/패션 팁을 전달하며, 솔직한 라이브 방송으로 여성 팔로워들의 인기를 끌기 시작했다. 그녀의 가장 큰 차별점은 뷰티, 패션, 악세서리 등 평소 취향에 맞는 제품만을 일관성 있게 판매한다는 것이다. 이때, 단순 정보 전달이 아닌 소통에 초점을 맞추었다. 신제품을 만들 때에도 라이브를 통해 제품명과 컬러를 확정하고, 팔로워들의 의견에 대해 바로 반영한다. 이에 더불어 삼촌, 친구, 동생 등 가족과 함께하는 일상의 모습을 SNS를 통해 여과없이 드러내며, 럭셔리 라이프를 살아가는 인플루언서가 아닌 때로는 솔직하고 털털한 모습으로 2030 여성들 사이에서 큰 인기를 얻고 있다.

더 가까운 예로, 최라벨(최유진)은 금융 전문가와 뷰티전문가를 융합한 퍼스널 브랜딩으로 나만의 콘텐츠를 만들었다. LED 마스크 리뷰나 판매를 할 때 제품의 성능에만 집중하는 여타 뷰티전문가와는 달리, 제조사가 상장사인지, 회사의 분석이 어떤지, 더 나아가서는 회사의 주식 분석을 통해, 주식 매매로 생긴 수익으로 이 LED 마스크를 사자고 제안했다.

나만의 스토리와 콘텐츠는 하루아침에 만들어지지 않는다. 하지만 조급함을 접어두고 공부와 경험이 잘 녹아있는 콘텐츠를 만들어낸다면, 그 누가 와도 대체 불가능한 나만의 경쟁력이 될 것이다. 당장 내가 쓸 스토리텔링이 없다면, 내가 추구하는 가치관과 방향에 맞게 하나씩 스토리를 만들어보자. 그 스토리를 한 점, 두 점 붙여가며 나만의 구조물을 천천히, 꾸준히 완성해보자.

▶▶ 셀러 퍼스널 브랜딩 핵심 TIPS

1. 너 자신을 알라!
- 나는 무엇을 좋아하는가?
- 내 장점은 무엇이고, 무엇을 잘하는가?
- 내 단점은 무엇이며, 단점을 보완하기 위해 필요한 사람은 누구인가?
- 어떻게, 얼만큼의 수익을 낼 것인가?

2. 스토리텔링 하기
- 뻔한 주제와 재능이라도 나만의 경험과 생각이 녹아들면 세상에 하나뿐인 브랜드가 된다.
- 꼭 1인자가 되거나 탁월한 성과를 내야지만 특별한 것은 아니다.
- 꾸준히, 천천히

4. 벤치마킹

성공적인 셀러가 되기 위해 준비해야 할 것은 내가 추구하고 판매하고자 하는 제품과 유사한 제품을 판매하면서 이미 성공한 벤치마크 대상 계정을 찾는 것이다. 지피지기이면 백전백승이라고, 먼저 나의 잠재 경쟁자가 누구인지를 알고, 그 사람의 운영 방식을 숙지하는 것이 판매를 하는 데에 큰 도움이 될 수 있다. 판매 상품의 특징, 가격의 경쟁력, 프로모션의 특징, 마켓오픈 주기, 배송방식, 소싱 방법 등을 스터디한다. 더불어 벤치마크 할 계정의 댓글에는 어떤 질문이 달려있는지, 후기는 어떤지를 꼼꼼히 살펴보는 것도 중요하다.

　내가 생각하는 제품 카테고리와 다른 계정을 통해서는 느낌 있는 사진 촬영 보정 방법, 스토리 활용 및 라이브 소통 방법 등 고객과의 소통 방법, 마켓에 어울리는 센스 있는 글쓰기 방법 등을 참고한다. 이때 인스타그램의 저장하기(북마크) 기능을 적극 활용하여 차용할만한 것이 있으면 모두 저장해 놓는 것도 추후 도움이 된다.

3

인스타그램
피드 준비

1. 용어 모음

» 기본 용어

- 인친 : 인스타그램 친구
- 팔로워follower : 내 소식을 듣는 사람(나를 따르는 사람)
- 팔로잉following : 내가 소식을 듣는 사람(내가 따르는 사람)
- 팔로우follow : 누군가의 소식을 듣는(따르는) 행위나 상태
- 맞팔 : 서로 팔로잉 하는 것
- 선팔 : 먼저 팔로잉 해 주는 것
- 언팔unfollow : 팔로잉을 취소하는(끊는) 것
- 해시태그 : 해시(#) 뒤에 특정 태그(단어)를 붙이는 것. 특정 단어

를 모아서 보거나 보여줄 수 있는 일종의 검색 기능

- 차단 : 상대방의 계정에 대한 접근 권한을 박탈하는 것. 아이디를 검색할 수도, 피드를 볼 수도 없다. 서로 팔로우가 끊겨지고, 검색해서 들어가면 '사용자를 찾을 수 없음' 혹은 '팔로우' 메시지가 나타나게 되고 게시물이 보이지 않음.
- 제한 : 아는 사람과 팔로우를 취소하지 않고도 원하지 않는 교류를 제한할 수 있는 기능. 다른 사람에게 게시물의 새 댓글을 공개할지 직접 선택할 수 있으며, 채팅이 메시지 요청함으로 이동되어 메시지 확인 여부를 상대방이 확인할 수 없음.

» 공구 용어

- 공구가 : 공동구매 가격. 보통 인터넷 최저가 이하로 공구가가 형성되어 있기 때문에 시장에서 판매할 수 있는 최저 가격이라고 볼 수 있다.
- 셀러 공급가 : 업체에서 셀러에게 공급해주는 가격 (=셀러가)
- 셀러 수익 : 총 매출에서 셀러가 가져가는 이익을 의미한다.
- 아래 표를 보면, 제품명에 따른 셀러 공급가, 공구가, 소비자가, 셀러 수익 및 수익률을 확인할 수 있다.

제품명	셀러 공급	공구가	소비자가	Seller 수익	
				금액	수익율
다이어트 건강기능식품	130,000	180,000	30,000	50,000	27.8%

2. 아이디/닉네임 만들기

인스타그램 피드에서 가장 중요한 것은 피드의 사진들과 더불어 가장 먼저 보이는 소개글이다. 계정을 팔로우할지 말지 여부는 5초 이내에 결정된다. 따라서 사진뿐만 아니라 소개글에서 가장 먼저 프로필 작성이 중요하다. 소개글을 완성하기 위해 먼저 인스타그램 속 나의 이름, 애칭을 만드는 것이 중요하다. 생각한 이름이 중복되는지 인스타그램 계정 검색을 통해 확인하여 누구든 쉽게 부를 수 있는 애칭을 선택하는 것이 좋다.

더불어 인스타그램의 경우 아이디가 모두 영문이기 때문에 외우기 쉬운 아이디를 선정하는 것이 필요하다. 영문 아이디만으로도 내가 어떤 컨셉을 추구하는지 분위기를 만들어낼 수 있다면 가장 이상적이다.

애칭을 생각해내기 어렵다면, 본인이 좋아하는 단어와 조합하는 것도 팁이 될 수 있다. 가장 흔하게 러블리,드de 등을 적절히 섞어서 애칭을 만드는 것도 추천한다.

3. 소개글 작성

아이디와 닉네임이 모두 만들어졌다면, 이제 소개글을 확정해야 한

● 프로필 5단 법칙

1. 첫 번째 줄에는 국문 애칭을 넣어 검색 결과에 바로 매칭되도록 한다.

2. 두 번째 줄에는 컨셉을 한 줄로 표현해 피드의 성격을 드러낸다.

3. 마켓에서 진행될 일에 대한 공지를 적는다.

4. 마켓의 다음 일정을 안내한다.

5. 결제창으로 넘어갈 수 있는 링크를 남긴다.

다. 첫 번째 줄에는 국문 애칭을 넣어 해시태그로 검색이 가능하도록 하는 것이 좋다. 두 번째 줄에는 컨셉을 한 줄로 표현해 피드의 성격을 드러낸다. 세 번째 줄에는 마켓 일정을 적는다. 마지막으로 링크를 연동시켜 소비자들이 프로필에서 바로 제품을 결제할 수 있도록 남긴다.

4. 프로패셔널 계정전환

프로패셔널 계정에 한해 파트너 추가 기능을 사용할 수 있다. 프로패셔널 계정은 팔로우 수 등 조건 없이 누구나 무료로 전환할 수 있다. 인스타그램 앱 실행 후, 하단에서 프로필 탭으로 이동하고 상단 더보기 버튼을 누른다. 아래 톱니바퀴 모양 '설정'에서 '계정' 항목을 선택하고, '프로패셔널 계정으로 전환'을 누른다. '크리에이터'와 '비즈니스' 중 비즈니스를 선택하고, 자신이 운영하는 계정에 대한 카테고리를 선택, 연락처와 메일, 그리고 주소지를 입력한 후에, 인스타그램과 페이스북은 서로 연동되기 때문에 연결할 것인지에 대한 선택을 하면 기본적인 세팅은 마무리된다. 참고로 모든 정보를 한번에 입력하지 않고 건너뛸 수도 있으므로, 일단은 다음으로 넘어가서 완성하는 것도 좋다. 프로패셔널 계정으로 전환하면 계정 정보와 통계를 더 체계적으로 관리할 수 있는 도구를 사용할 수 있다.

● 프로패셔널 계정 전환 방법

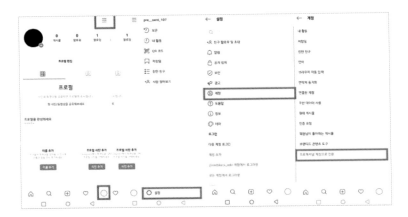

4
인스타그램 메뉴 설명

인스타그램의 기본적인 메뉴를 맨 위의 상단, 중단, 하단으로 설명하도록 하겠다.

1. 상단

상단 - 스토리 기능

내 스토리를 누르면 직접 사진을 찍거나 기존 사진이나 영상으로 스토리를 만들 수 있다. 또한 라이브를 시작한다면, 테두리에 다른 색이 표시되어 라이브 방송하는 것이 표시된다. 내가 팔로잉하는 사람들이 스토리를 올리면 상단에 사진처럼 뜨게 된다. 일반 피드처럼 '좋아요'나 댓글을 달 수 없고, 다른 사람이 공유할 수도 없다. 또한 24시간 후에 사라지기 때문에 피드에 올리기 싫다면 스토리로 하루만 공개하는 것도 좋다. 더불어 게시글은 자칫 놓칠 수 있으므로 한 번 더 인친들의 관심을 끌기에도 좋다. 빅 셀러의 경우 매일매일 스토리를 놓치지 않고 한다.

우측 상단 첫 번째 ⊞ 표시는, 새 게시물을 올릴 수 있다. 피드를 업로드할 때 사용하는 기능으로 사진, 글, 동영상을 업로드할 때 ⊞ 버튼으로 들어가면 된다.

⊞ 표시 우측 하트는 내 피드에 남겨진 댓글, 좋아요, 나를 팔로우하기 시작한 사람 등 나에 대한 반응을 보여준다.

하트 모양 옆에 비행기 모양은 다이렉트 메시지 기능으로 인친들과 1:1 메시지를 주고받을 수 있다. DM을 통해 인스타그램에서 소통하며 잠재 고객과의 관계를 다질 수 있고, CS를 할 수도 있다.

2. 중간단

피드가 보이는 부분이다. 피드
상단에 메뉴를 누르면, 링크
복사, 공유하기, 보관, 삭제, 수
정, 댓글 기능을 해제할 수도
있다. 인스타그램을 통해 수
익 창출 혹은 인플루언서가 되
기 위해서는 매일 시간을 정해
놓고 피드를 등록하는 것이 좋
다. 보통 출근길 아침/집중력
이 떨어지는 시간, 점심 식사
후/저녁 시간/자기 전 네 가
지 루틴을 보여주는 것도 방법

이다. 내가 올린 피드 상단 메뉴를 들어가면 링크 복사, 공유하기, 보
관, 삭제, 수정, 댓글 기능 해제 등이 있다.

3. 하단

집 모양의 홈버튼을 통해 내가 팔로우하는 사람들의 게시글을 확인할 수 있다. 다른 화면에 있더라도 집 모양을 누르면 첫 화면으로 돌아간다.

돋보기 모양의 검색 기능을 통해 장소나 사람, 지역, 제품 등 또는 해시태그를 검색할 수 있다. 그리고 피드 영역에서는 자동 알고리즘으로 선정된 인기 게시글과 최근 게시글을 확인할 수도 있다.

가운데 동영상 표시는 릴스를 확인할 수 있다.

자물쇠 모양의 쇼핑 기능은 인스타그램 샵 기능으로, 바로 구매가 가능한 링크로 연결해주어 쇼핑이 용이하도록 편의성을 더했다.

프로필 사진을 클릭하면 개인계정으로 들어간다. 개인계정에서 오른쪽 상단의 ⊞ 버튼은 스토리, 게시글을 올릴 수 있다. 맨 오른쪽 버튼을 누르면 설정, 보관, 인사이트, 내활동, QR 코드, 저장됨, 친한 친구, 사람 찾아보기 등의 탭이 나온다.

저장됨을 누르면 북마크 기능은 인스타그램에서도 자신이 저장하고 싶은 피드를 북마크를 이용해 저장할 수 있다. 다시 보고 싶은 영상이나 이미지를 저장하는 기능이 바로 북마크이며, 이는 다른 사람에게는 공개되지 않는다. 카테고리별로 나누어보는 것도 좋다.

5

본격 커머스
크리에이터로 데뷔

이제 셀러로 어떻게 브랜딩하고 준비할 것인지와 인스타그램 피드에 대한 기본적인 이해를 완료하였기 때문에 공동구매 방법에 대해 보다 실직적인 내용을 소개하고자 한다.

1. 공동구매 필수 체크포인트

기본적인 사항에 대하여 다양한 가이드가 있겠지만 네 가지는 반드시 유념하는 것이 좋다. 첫 번째로 공구 진행 시 최소 3회 포스팅이 필요하다. 공구 시작 전 한 번, 공구 시작 당일 한 번, 공구 마지막 날 한 번 제품과 사진, 그리고 제품을 실제로 사용하는 피드를 올리는 것이 좋다. 공구 진행 방식은 기간 한정인지 한정판매인지로 나뉘는데 요즘은 대부분 3일, 5일 등 기간을 한정지어 판매하고 있고, 수량에 제한이 있는 경우 제한 수량을 밝혀서 소비자들이 빠른 품절로 당황해하지 않도록 사전고지하는 것이 필요하다. 더불어 공구를 진행하지 않게 되면 반품 혹은 비용 지불이 필요한 경우가 있다. 포스팅 시 이를 감면하기도 하지만, 공구 진행을 약속하고 나서 일정을 파기하게 될 경우는 브랜드사와 협의하는 것이 중요하다.

뒤쪽 세금 부분에서 더 언급하겠지만 개인인 경우는 수익의 3.3%를 소득세로 공제한 후에 정산받게 된다. 이점을 알아야 셀러 수익 %가 합리적인 것인지 판단할 수 있고, 자칫 정산받은 후 생각보다 수익이 적어서 실망하는 경우를 막을 수 있다.

최소 3회 포스팅	공구 진행 방식
공구 시작 전 한 번, 공구 시작 일 한 번, 공구 마지막 날 한 번	기간 한정 혹은 한정판매
협찬 후 공구취소시	소득세 공제
협찬 받은 제품 반품 혹은 비용 지불 필요	수익의 3.3% 소득세는 공제

더불어 다음 사항을 처음부터 명심해야 한다.

첫째, 과대광고를 해서는 안 된다. 소비자가 오인할 수 있는 광고

● 필수 유의사항

과대 광고	환불
● 소비자가 오인할 수 있는 광고 표현 지양 ● 식약처 광고법 숙지 필수	● 모든 상품은 구매 7일 이내 교환/반품 가능 → 단순 변심 포함

탈세	고객 CS
● 현금 결제 유도 금지 ● 현금영수증 발행 필수	● 무성의한 CS는 망하는 지름길?

표현을 지양하고, 광고 관련법을 숙지하는 것이 중요하다.

둘째, 환불의 경우 단순 변심도 교환/반품이 가능하다. 신선식품의 경우는 예외이므로 환불 불가를 사전에 고지하여야 한다.

셋째, 현금 결제를 유도하는 것은 탈세행위이므로 해서는 안 되며, 현금 결제 시에는 현금영수증 발행이 필수이다.

고객 CS의 경우 처음 시작하는 셀러일수록 최선을 다해 응대해야 한다.

2. 판매 상품 소싱

소싱은 판매 상품을 제안받거나 직접 소싱하는 두 가지 방법으로 나뉜다.

첫 번째로 본인이 이미 공동구매를 진행하는 경우에 인스타그램 DM 혹은 이메일로 상품을 제안받을 수 있다. 대부분 브랜드 담당자가 직접 연락을 취하며, 제품설명서, 단가표, 셀링포인트 등을 토대로 제품 사용 의사가 있는지 묻는다.

두 번째는 본인이 직접 상품을 찾아나서는 방법도 있다. 백화점이나 온라인몰에서 고객들에게 판매할 제품을 고르고 입점시키는 사람이 MD이다. 인스타그램 셀러 또한 온라인상 1인 MD가 될 수 있다. 백화점 지하 1층 팝업스토어, 대형마트 묶음상품, 타임세일제품, 플리마켓을 확인하고, 맛집을 갈 때도 MD로서 어떤 좋은 제품을 소개하면 좋을지에 대해 끊임없이 고민하는 자세가 필요하다. 더불어 마켓○○, SS○ 등 트렌디한 제품이 모여 있는 사이트를 참고하고, SNS를 참고하는 것이 중요하다. 트렌드가 홈쇼핑에서 SNS 마켓으로 옮겨가는 경우도 많기 때문에 TV를 자주 본다면, 홈쇼핑을 참고하는 것도 좋다.

추가적으로 네이버 데이터랩을 참고할 수 있다. 네이버 데이터 분석 결과를 볼 수 있는 곳으로, 분야별 인기검색어에서 카테고리별 인기검색어와 순위를 알 수 있고, 특정 아이템의 검색어 트렌드도 알 수 있다. 가령 오일 제품은 몇 월에 가장 많이 팔렸는지를 확인 가능하다.

그럼에도 불구하고 무슨 제품을 팔아야 할지 모르겠다면 트렌드 데이터 분석부터 하는 것이 좋다.

● 네이버 랩 검색 예시

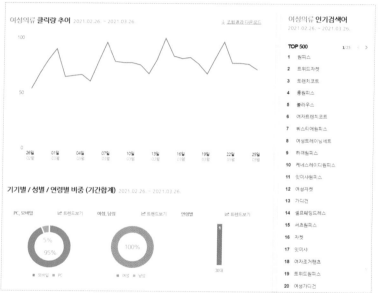

하루 날을 잡아서 그렇게 모은 데이터를 토대로 제품 브랜드 혹
은 제조사를 리스트업 하고, 연락을 돌려보는 것도 추천한다.

3. 판매제품 선정 기준-가격 설정

물론 공동구매는 인터넷 최저가보다 저렴한 제품을 소개하는 메리트가 있긴 하지만, 시중에 너무 많이 최저가가 노출되어 있는 제품은 선택하지 않는 것이 좋다. 대형 유통사와의 경쟁에서 피할 수 없는 최저가 전쟁은 피하고, 단골고객을 모으는 데 집중해야 한다. 더 이상 가격할인을 할 수 없을 땐, 덤을 주는 것이 좋다. 같은 제품을 덤으로 주면 용량 대비 가격이 더 낮아지는 혜택을 주지만 연관 제품을 덤으로 줄 때는 추후 샘플을 경험해본 고객이 해당 제품을 구매하게 하는 효과도 있다.

더불어 판매자는 본인이 판매하는 제품의 모든 유통채널의 가격과 프로모션 구성을 알고 있어야 한다. 이를 위해 공구 제안을 받은 직후 검색창에 해당 제품을 검색하여 최저가가 무너지진 않았는지, 배송조건, 구매단위, 카드 혜택 등을 확인해야 한다. 고객의 경우 치밀한 가격조사를 통해 만약 가격이 무너져있거나 다른 문제가 생긴다면 당황하지 말고 고객에게 솔직하게 적절한 이유를 말하는 것이 필요하다.

4. 판매제품 선정 기준 – 시즌 이슈 반영

사계절마다 잘나가는 상품이 다르다. 봄에는 에코백, 노트 등의 작은 소품, 피크닉 매트 등을 생각해볼 수 있다. 여름에는 캠핑용품, 물놀이용품, 가을에는 무릎담요, 니트, 겨울에는 손난로 등이다.

또한 월별 기념일은 놓치지 말고 1~2달 전에 미리 생각하여 스케줄링해야 한다. 특히 선물을 많이 주고받는 추석이나 설 시즌이 중요하다. 예를 들어 설날의 경우, 12월부터 상품 테스트 및 선택, 1월 초 콘텐츠 제작, 가격, 일정, 물량 체크, 설 2주 전부터 본격적인 홍보가 필요하다. 그 외에 어느 정도 판매량이 나오는 셀러의 경우 대형 유통사에 많이 노출되어 있지 않고, 퀄리티 있는 좋은 제품을 시기에 따라 직접 컨택해서 판매하는 것도 팁이다.

» 월별 일정

　1월: 클리어런스 세일

　2월: 구정과 졸업, 발렌타인데이. 특히 구정 선물은 1월 중순부터 준비해야 늦지 않게 준비를 마칠 수 있다

　3월: 입학, 신학기, 화이트데이

　4월: 벚꽃놀이, 식목일

　5월: 기념일의 달로, 근로자의날, 어린이날, 어버이날, 스승의날

　6월: 하반기 준비를 위한 재충전의 달

7~8월: 여름 휴가 시즌

9월: 추석

10월: 캠핑, 가을소풍

11월: 블랙프라이데이, 광군제

12월: 크리스마스, 송년회

　그 외에 디테일한 월별 마케팅 이슈는 검색창에 [마케팅 캘린더]라고 검색하면 메조미디어, 인크로스, 나스미디어 등에서 나온 표를 확인할 수 있다.

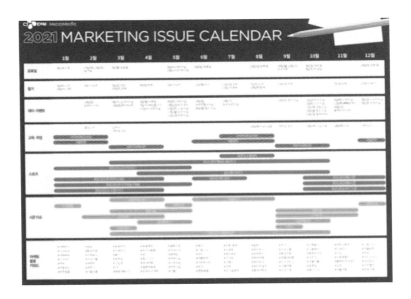

마지막으로, 앞서 언급한 기준에 더하여 본인만의 브랜드사 제품 선정 가이드라인을 정하는 것도 추천한다. 스스로 하나 둘씩 진행하다 보면, 소비자가 어떤 제품에 반응하는지, 어떤 제품의 매출이 높게 나오는지 알 수 있기 때문에, 이를 토대로 나름대로 효과가 좋았던 부분에 대하여 정리하고 추후 제품 선정 기준에 반영하는 것이 좋다.

6
인스타그램
피드 운영

1. 게시글 해시태그 광고 및 이벤트

피드는 하루 3~6개 업로드 하고, 실시간으로 업로드 하는 것이 좋다. 본인의 루틴을 자연스럽게 보여준다. 요즘은 사진의 퀄리티 보다 실시간성이 중요하다.

더불어 게시글에 이벤트를 추가하면 팔로워의 참여를 일으킬 수 있다. 첫 번째 스텝으로 사전 바이럴마케팅을 하는 것이다. 마켓 진행 전 소비자에게 제품을 인지시키고 후기를 만들어낼 수 있다. 두 번째 스텝으로 공구 시작 직후 구매 완료 댓글 이벤트/친구소환 이벤트/리그램 이벤트 등을 통해 외부 노출도를 높이고 참여를 유도할 수 있다. 마지막으로 리얼한 구매자의 진짜 후기를 받는 후기 이벤트이다. 예를 들어 명품 지갑 등 다소 값이 비싼 선물을 제시하기도 하는데 이를 통해 고객의 로열티를 재고할 수 있기 때문이다.

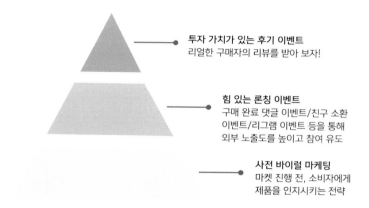

투자 가치가 있는 후기 이벤트
리얼한 구매자의 리뷰를 받아 보자!

힘 있는 론칭 이벤트
구매 완료 댓글 이벤트/친구 소환
이벤트/리그램 이벤트 등을 통해
외부 노출도를 높이고 참여 유도

사전 바이럴 마케팅
마켓 진행 전, 소비자에게
제품을 인지시키는 전략

해시태그

HASH(끌어모음)+TAG(꼬리표) 하나로 묶어서 정보를 주는 기능이라고 직역할 수 있다. 해시태그를 통해 기존 팔로워 베이스를 충분히 넓힐 수 있다. 인스타그램에서는 포스트당 하루에 해시태그 30개까지, 인스타그램 스토리에서는 10개까지 올릴 수 있는데, 이런 해시태그 하나하나를 잘 활용해야 한다.

해시태그는 "혹시 이 주제에 관심이 있지 않나요?"라며 구독자와 사용자들에게 물어보는 것과 같다. 팔로워가 만 명 미만이라면, 사용 횟수가 오백에서 오천 번 정도 활용된 해시태그를 활용하는 걸 추천한다. 너무 많이 사용된 것은 인기 게시글이나 높은 도달률로 이어질 확률이 낮다. 반대로 오백에서 오천 번 사용된 해시태그의 경우 비교적 경쟁이 없어 쉽게 인기 순위를 높일 수 있고 결과적으로 팔로워 수를 쉽게 늘릴 수 있다. 이때 주의할 점은, 사업이나 포스트 주제와 실제 연관된 해시태그만 사용해서 타겟층을 확실히 해야 한다는 점이다.

해시태그는 # 기호를 써서 # 뒤에 글을 넣으면 되는데, 띄어쓰기를 하면 앞 단어만 인식하기 때문에 단어가 아닌 문장이라도 띄어쓰지 않는다. 이 점을 많은 셀러들이 놓치고 해시태그에도 띄어쓰기를 하는 경우가 많다.

글의 주제   이벤트/영상/공구 오픈 등
자세한 설명   제품 종류 / 구성 등
제품의 특장점
가격 / 프로모션의 상세 내역
배송 / 결제창에 대한 공지사항

- 디테일하되 핵심 내용만 담아서 작성할 것
- 어떤 점이 좋은지, 어떤 사람이 쓰면 좋을지 구성과 가격이 어떻게 되는지를 담을 것

광고 및 이벤트

앞서 프로패셔널 계정으로 전환했다면 이제 광고를 할 준비가 되어

있는 상태이다. 먼저 진행을 하기 위해서는 꼭 필요한 준비물로 결제할 카드, 홍보할 콘텐츠가 필수이다. 콘텐츠의 경우에는 이미 올라가 있는 게시물을 대상으로 진행할 수도 있고, 새롭게 게시물을 등록하는 것도 가능하다. 게시글의 사진이나 영상 우측 하단에 '홍보하기'라는 파란색 버튼이 생긴 것을 볼 수 있는데, 프로패셔널 계정이 아니면 이 버튼은 보이지 않는다.

홍보하기를 클릭하면 첫 번째 단계에서는 랜딩페이지를 선택할 수 있다. 콘텐츠를 소개하고, 관심있는 유저들이 터치를 했을 때 어떤 페이지로 이동시킬지를 선택하는 것이다. 자신의 인스타그램 계정 프로필로 이동하는 방법, 따로 운영하는 인터넷 사이트의 URL로 이동하는 방법, 또는 인스타그램 안에서 1:1로 소통할 수 있는 DM(다이렉트 메시지)까지 총 3가지 방법으로 선택할 수 있다.

다음으로 대상을 선택한다. 자동으로 선택할 수도 있지만, 직접 대상을 만들 수도 있다. 광고를 진행할 때에는 수많은 인스타그래머 중에 누구에게 노출할 것인가가 굉장히 중요하다. 예를 들어, 서울 기반 신선식품을 판매하는데 저 멀리 제주도나 중국에 있는 사람들에게 노출을 해 봤자 의미가 없다. 이 대상에 대한 선택을 자동으로 할 경우 내가 팔로우한 친구들과 비슷한 카테고리의 관심사를 갖고 있는 사람들에게 도달하게 된다. 혹은 자신이 원하는 지역범위, 성별, 연령층까지 세 가지로 압축하여 지정할 수 있다. 지역 범위는 최대 30km까지 가능하고, 연령은 최소 13세에서 최대 65세까지, 그리고 남성 혹은 여성에게 보낼지 아니면 성별 구분 없이 모두에게 발송할지를 설정 가능하다. 제품에 따라 대상을 다양하게 수정하여 광고를 집행해보는 것을 추천한다.

이렇게 모든 타겟팅이 정해졌다면 내가 사용할 광고 금액과 일정을 설정해야 한다. 금액은 최소 일 2천 원에서 최대 1백만 원까지 가능하며, 부가세 별도이다. 기간의 경우에는 최소 1일에서 30일까지 최대 1개월까지 선택이 가능하고, 중간에 집행을 철회하는 것도 가능하다.

모든 결정이 끝났다면 최종적으로 결제 수단을 입력하여 결제를 진행한다. 이때 국내 카드가 아닌 visa, master card 등 전세계적으로 통용 가능한 결제 수단으로 등록한다.

2. 스토리

더불어 스토리와 하이라이트도 중요하다. 계정을 꾸미는 것에만 치중하고 24시간 이내에 찍은 사진을 노출해주는 스토리는 전혀 신경 쓰지 않는 경우도 허다하다. 하지만 실제 피드 업로드뿐만 아니라 스토리를 실시간으로 업로드 하였을 때 구매에 도움이 될 수 있다. 피드는 보다 정적이고 정제되어 있어 내가 전하고자 하는 콘텐츠를 올리는 공간이라면, 스토리는 실시간을 기반으로 내가 현재 무엇을 하고 있는지, 어떤 생각을 하는지를 공유할 수 있는 도구이다. 예를 들어 다이어트 보조제를 판매할 때, 피드에만 올리기보다는 실시간으로 밥을 먹는 순간에 다이어트 보조제를 함께 촬영하여 스토리에 올리게 되면 진정성을 어필하고, 더 많은 팔로워들에게 보조제를 진행한다는 사실을 각인시킬 수 있다. 더불어 일반 피드보다 반응률이 높고, 광고로도 활용 가능하여 스토리에서만 제품을 판매하는 사람도 있을 정도이다.

투표 기능

먼저 인스타그램 앱을 실행 후, 상단 스토리란의 '내 스토리'를 누른다. '카메라 모양'이 있는 빈 화면을 선택하면 새 스토리를 올릴 수 있다. 카메라가 자동으로 켜지는데, 업로드 할 사진을 바로 촬영하거나 하단 왼쪽 갤러리 버튼을 눌러 원하는 사진을 선택한다. 설문과 관련된 사진으로 선택하면 더욱 전달력 있는 게시물을 만들 수 있다. 스토리 상단 메뉴 중 스티커 버튼을 누르면 각양각색의 스티커 목록이 보인다. 이중, '설문'이라고 적혀 있는 직사각형 모양 스티커를 누른다.

스토리에 업로드 하려고 선택한 사진 위에 스티커가 붙여진다. '질문을 입력하세요'란을 누르면 내가 원하는 내용을 직접 입력해서 넣을 수 있고 글자색, 글자 모양까지 변경할 수 있다.

설문 스티커의 답변은 기본적으로 '예', '아니오'로 설정되어 있

는데, 마찬가지로 각 입력란을 누르면 원하는 문구를 써넣을 수
있다.

이렇게 완성한 스티커는 두 손가락을 이용하여 동시에 터치해서
크기를 줄이거나 키울 수 있고, 위치도 원하는 곳으로 이동할 수 있
다. 하단 오른쪽 '받는 사람' 버튼을 누른 후 '공유'를 누르면 업로드
완료이다.

설문 스티커 활용하기

나의 팔로워들이 이 스토리를 확인하면, 둘 중 하나의 답변에 버
튼을 눌러 투표할 수 있다. 투표자는 각 항목이 현재 표를 얼마나 얻
고 있는지 %(퍼센트) 단위로 알 수 있으나 누가 투표했는지는 확인
할 수 없다. 대신 스토리를 올린 본인은 투표자 목록을 확인할 수 있
다. 해당 스토리의 '설문 결과'를 누르면 각 답변이 몇 표씩 받았는지

개수를 확인할 수 있고 '투표자 보기' 버튼을 누르면 각 답변에 투표한 사람들의 프로필 목록도 확인할 수 있다. 또한 '결과 공유'를 누르면 항목별로 몇 퍼센트를 얻었는지 표시된 득표 결과를 스토리로 공유할 수 있다. 설문 스티커는 스토리에 포함되는 기능으로, 동일하게 24시간 동안만 유지된다. 크고 작은 선택의 기로에서 혼자 결정하기 어려울 때 활용해보자.

3. 하이라이트

하이라이트 기능은 스토리 콘텐츠를 프로필 하단에 노출하는 기능으로, 현재 진행 중인 혹은 과거에 진행했던 제품을 쇼룸처럼 전시할 수도 있다. 혹은 고객 문의사항이나 공지사항 등을 그룹화하여, 고객의 문의를 1차적으로 해결해줄 수도 있다.

4. 라이브

일상 라방의 반복적인 노출을 통해 화상통화를 하듯 대화를 하고 팔로워들과 친해지는 것이 중요하다. 라이브는 두 가지 유형이 있는데, 일상 라방과 판매 라방을 자연스레 섞는 것이 좋다. 주기적으로 라이브를 한다면, 팔로워들과 깊은 이야기를 할 수 있고 자연스레 팔로워의 니즈를 파악하며 동시에 내가 판매하는 제품에 대한 의견도 역으로 물어볼 수 있다. 라이브 방송은 최대 1시간이고, 1시간 후에 방송이 자동 종료된다.

    A. 일상적인 대화 라방-랜선 수다를 통해 신뢰도와 친밀감을 높이기
    B. 모바일 홈쇼핑 스타일-판매할 제품을 시연하고 실시간으로 질의
       응답

5. 릴스

2월 인스타그램 속 새로 추가된 서비스로, 15~30초의 짧은 동영상을 공유할 수 있다. 최근 인기를 얻고 있는 틱톡, 스노우와 비슷한 방식의 영상 공유를 제공한다. 인스타그램 프로필 탭 상단 플러스 버튼 혹은 피드 탭의 플러스 버튼을 통해 사전에 촬영된 동영상을 불

러와 제작하거나 다양한 크리에이티브 도구를 활용해 실시간으로도 영상을 제작할 수 있다. 편집할 때 이용할 수 있도록 오디오, 카메라 효과 등 간단한 영상 기능이 집약되어 있다.

6. 인사이트 분석

다양한 콘텐츠를 게시했다면, 이제 비즈니스 프로필에 대해 사람들이 어떤 행동을 취하는지 알아본다. 바로 인사이트 분석을 통해 게시글의 효율을 평가할 수 있다. 사이트 탭에서는 도달한 계정, 콘텐츠 활동(게시글, 스토리, 동영상 반응), 인기 게시물 등에 대한 정보를 확인할 수 있다. 더불어 팔로워 증감이나 게시한 게시물과 스토리를 한번에 볼 수 있다.

예를 들어 월요일에 더 많은 사람에게 도달했다면 팔로워들이 월요일에 많이 활동한다는 사실이므로, 월요일에 비즈니스 목표와 관련된 이미지와 동영상을 올리면 팔로워들이 콘텐츠를 보고 행동을 취하거나 비즈니스에 반응을 보일 수 있는 기회를 더 늘릴 수 있다.

더불어 팔로워에 대한 더 많은 정보를 확인할 수 있다. 팔로워들이 가장 높은 비율로 속한 위치, 연령대, 성별을 알아볼 수 있으며, 보통 어떤 시간대에 사용하는지, 어떤 요일에 가장 활발하게 사용하는지도 살펴볼 수 있다. 이때, 연령대, 성별 등의 인구 통계학적 특성

지표를 확인하려면 비즈니스 계정에 최소 100명 이상의 팔로워가
있어야 한다.

7

여기까지 알아두면
진짜 고수의 길

1. 타 채널과의 연동

가장 이상적인 것은 인스타그램-블로그-스마트스토어를 유기적으로 연계하는 것이다. 인스타그램을 통해 기획 상품을 월 4회 공구하고, 제품에 대한 1차적인 설명과 소구 포인트를 간략하고 가독성 있게 설명한다. 이때 센스 있는 사진이나 동영상을 추가하여 매력도를 높인다. 더불어 블로그를 통해 인스타그램에 작성했던 정보보다 더 자세한 설명을 작성한다. 인스타그램에서 제품의 핵심 포인트만을 언급했지만 블로그에서는 본인의 스토리를 생생하고 구체적으로 설명할 수 있다. 또한 블로그에는 글뿐만 아니라 적절히 제품에 대한 설명을 뒷받침할 수 있는 뉴스 또는 논문 자료를 추가하는 것도 큰

● 최적의 플랫폼 세팅

도움이 된다.

스마트스토어는 네이버페이와 연동되어 있어서 적립금을 추가로 받을 수 있다는 장점이 있고, 고객이 개별 회원가입을 하지 못하기 때문에 자칫 고객 데이터 취합을 놓칠 수 있다는 단점이 있다. 따라서 인스타그램을 통해 스마트스토어 링크를 연동하고, 스토어 찜 고객 수를 지속적으로 늘리고, 이를 카카오톡 플러스 친구 등으로 수신동의 후 고객 데이터를 관리한다면 홈페이지보다 더욱 쉽고 저렴한 비용으로 고객을 관리할 수 있다. 더불어 공구 기간 이외에도 상시 오픈가로 제품을 지속적으로 노출해 놓으면, 우연히 제품을 찾던 일반 소비자가 검색을 통해 제품을 구매할 수도 있다.

2. 외부 링크 활용(인포크, 링크트리)

인스타그램을 하다보면 게시글에 url 공유가 안 되어 불편할 때가 많다. 블로그나 마켓 등 다른 채널로 연동하고 싶어도 할 수 있는 방법은 프로필에 링크를 연동하는 것 뿐이다. 여러 개의 SNS 채널을 운영하고 쇼핑몰과 공구 목록, 카카오톡 CS 등 올려야 할 링크가 많다면 개수 제한 없이 한번에 묶어서 올릴 수 있는 방법이 있는데 바로 링크트리나 인포크를 이용하는 것이다.

3. 광고 가이드라인

광고 가이드라인을 지키는 것도 중요하다. 초보 셀러의 경우 허위/과장광고에 대한 인식이 없을 경우 사용해서는 안 되는 단어를 무분별하게 반복적으로 사용하는 경우가 있다. 이때 누군가가 보건소에 신고하여 고충을 치르게 되는 셀러들도 많다. 광고의 경우 아래와 같이 명확한 내용으로 표시한다. 금전적 지원, 할인, 협찬 등 경제적 이해관계의 내용을 소비자가 이해하기 쉽도록 명확하게 표시해야 한다.

- '위 ○○ 상품을 추천(보증, 소개, 홍보 등)하면서 ◇◇사로부터 경제적 대가(현금, 상품권, 수수료, 포인트, 무료상품 등)를 받았음' - '금전적 지원', '대가성 광고', '무료 상품', '상품 협찬', '상품 할인' 등 - '#광고', '#협찬' 등

- '체험 후기', '일주일동안 사용해 보았음', '체험단', '이 글은 정보/홍보성 글임', '이 글은 홍보문구가 포함되어 있음', '선물', '○○ 회사 사장님 감사합니다.', '~에서 보내주셨어요.' 등
- '#[브랜드명]', '@[상품명]' 등과 같이 단순히 브랜드나 상품을 해시태그 형태로 언급하는 경우
- '[브랜드명]×[계정명]'과 같이 ×자를 통하여 협업관계를 나타내는 경우
- 기타 이해하기 어려운 줄임말

» 사진을 통해 추천 · 보증 등을 하는 경우

(1) 공개 형식

① 표시 문구를 사진 내에 게재한다.

② 사진과 본문이 연결되어 소비자가 쉽게 인식할 수 있는 경우에는, 표시 문구를 사진 내에 게재하지 않을 수 있다. 다만 이 경

우, 표시 문구를 글의 첫 부분에 게재한다.

③ 해시태그의 형태로 입력할 경우, 원칙적으로 첫 번째 해시태그에 입력한다. 다만, 소비자들이 쉽게 인식할 수 있게 표현하는 경우에는 첫 번째 해시태그가 아닌 위치에 표시할 수 있다.

④ '더보기' 또는 링크를 누르는 등 추가적인 행위를 요하는 경우에는 적절하지 않을 수 있다.

(2) 유의사항

① 살이 빠졌어요 / 다이어트가 됐어요 / ~kg가 빠졌어요 / 디톡스에 좋아요 ⇨ 모두 사용 금지해 주세요.

"◇◇◇◇ 먹고 다이어트에 도움을 받고 있어요"처럼 도움을 받고 있다는 형식으로 써 주세요.

  예 "◇◇◇◇먹고 3일만에 5kg 빠졌어요": ✕

  예 "◇◇◇◇로 다이어트에 도움을 받고 있어요": ○

② 기타 금지어 대체단어 목록

- 다이어트보조제 ⇨ 다이어트에 도움이 되는 건강 기능식품
- 붓기, 부기, 부종 ⇨ 수분이 빠지다, 몸이 가벼워지는 느낌
- 변비, 쾌변 ⇨ 화장실 문제가 해결되었어요
- 약, 알약 ⇨ 캡슐
- 효과가 좋아요, 효능이 좋아요 ⇨ 도움을 주는 것 같아요

PART
6

커머스 크리에이터 사업자가
꼭 알아야 할 세금 꿀팁

1
개인사업자 vs 법인사업자 누가 세금 덜 내나?

"최고세율만 보면 법인사업자가 좋을 것처럼 보이죠. 그러나 소규모 사업자에게는 조세부담 측면에서 개인사업자가 유리하며 다른 관리적 측면에서 유리한지 불리한지를 따져보고 법인사업자를 선택할지 결정해야 합니다."

필자는 개인사업자로 쇼핑몰 창업도 해봤고, 벤처기업을 설립해서 경영해본 적이 적도 있다. 최근에는 주식회사 스타웨이브를 공동으로 창업하여 창립 멤버로 활동하고 있다. 개인사업자와 법인사업자를 모두 경험해본 바에 따라 처음 사업을 시작하는 예비 창업자들에게 조언을 해주고자 한다.

사람이 태어나면 곧바로 출생신고를 하고 대한민국 국민으로서 권리와 의무를 가지고 활동을 하게 된다. 기업도 마찬가지다. 사업자등록을 하거나 법인등기를 하고 사업을 시작해야 한다. 이때 사업자등록이 인간으로 말하면 출생신고와 똑같다. 사업자로서 첫걸음을 내딛는 과정인 것이다. 사람은 날 때부터 남자 아니면 여자로 태어난다. 법인도 법인으로 사업을 할지 개인으로 사업을 할지 선택을 해야 한다. 중간에 사람도 성전환수술을 할 수 있듯이 개인도 법인으로 전환을 할 수 있다.

개인사업자가 좋을까? 법인사업자가 좋을까?

개인사업자와 법인사업자의 최고세율을 살펴보자. 개인사업자는 과세표준에 적용되는 최고세율이 42%이고, 법인사업자는 과세표준에 적용되는 최고세율이 25%다. 이것만 보면 당연히 법인사업자가 세금 측면에서 유리한 것처럼 보인다. 나도 한때 경영지도 활동을 하면서 자주 들었던 질문이 개인으로 창업하는 것보다 법인이 더 좋지 않겠느냐는 것이었다.

그러나 인생에 정답이 없듯이 이에 대한 답도 상황마다 다르다. 나는 그냥 "케바케(Case by case, '그때그때 달라요'의 줄임말)입니다." 라고 이야기해 준다. 구체적인 것은 상담을 받고 결정해야 한다고 말이다. 창업을 할 때 사업자마다 업종도 다르고, 그가 처한 경영환경이나 목표로 하는 기업의 규모도 다르다. 그에 따라 개인사업자가 좋은지 법인사업자가 좋은지 정답도 달라진다. 일단은 개인사업자와 법인사업자에 대해서 구체적으로 파악하고 난 후에 결정하면 된

● 개인과 법인 세율 비교

개인사업자

과세표준	세율
1,200만원 이하	6%
1,200만원~4,600만원	15%
4,600만원~8,800만원	24%
8,800만원~1억5,000만원	35%
1억5,000만원~3억원	38%
3억원~5억원	40%
5억원 초과	42%

법인사업자

과세표준	세율
2억원 이하	10%
2억원~200억원	20%
200억원~3,000억원	22%
3,000억원 초과	25%

다. 필자는 법인전환을 결심하는 개인에게 아래 세 가지 범주가 아니면 군이 법인 운영을 하라고 추천하지 않는다.

1. 세금적인 부분

일반적인 통념은 법인이 세금면에서 유리하다는 것이다. 최고세율이 낮기 때문이다. 이는 반은 맞고 반은 틀린 답이다. 개인은 소득세를 납부한다. 소득세율은 소득금액에서 소득공제를 차감한 과세표준의 금액에 따라서 최저세율 6%부터 최고세율 42%까지 다양한 세율을 적용받는다. 반면에 법인은 과세표준이 2억이 안 되면 10%의 세율을 적용받고 2억이 넘어가면 200억까지는 20%의 세율을 적용받는다. 200억에서 3,000억 과세표준에 대해서는 22% 세율을 적용받고 그 이상에선 25%를 적용받는다.

　개인과 법인의 세율구간을 자세히 보면 소득 규모에 따라서 유불리가 달라진다는 것을 알 수 있다. 만약에 과세표준이 1200만 원 이하인 영세사업자의 경우에는 개인으로 사업을 할 경우 세율 6%를 적용받는데 반해, 법인으로 사업을 할 경우에는 10%의 세율을 부담해야 한다. 보통 과세표준은 매출액에서 일정한 필요경비를 차감한 금액이므로 번 돈만큼 지출도 많으면 충분히 과세표준을 줄일 수 있다. 과세표준이 작은 사업자는 개인사업자가 유리하다.

　게다가 개인은 사업소득세만 계산해서 납부하면 더 이상 과세 문제가 발생하지 않는다. 그러나 법인은 소득이 발생하면 법인세로 세금을 계산하여 납부하고, 나중에 주주들이 배당으로 돈을 가져가게 되면 주주들은 배당소득세를 또 납부해야 한다. 즉, 회사 내부에 자금을 유보할 때까지는 법인세만 신경 쓰면 되지만 배당으로 현금을 가져갈 때는 15.4%를 원천징수당하면서 추가로 소득세를 납부해야 하는 것이다. 배당소득에 대해서는 이중과세조정제도가 있기는 하지만, 결국에는 소득세의 분리과세 세율(소득세 14% 및 지방세 1.4%)만큼은 부담하게 되어 있다.

　그래도 규모가 큰 사업을 할 경우에는 법인이 유리한 것은 사실이다. 규모가 커지면 개인은 42% 세율을 부담할 수밖에 없지만 법인은 25%의 세율을 부담하면서 나중에 이익을 분배할 때에 배당소득세는 따로 세율구간을 적용해서 주주들 각자가 알아서 세금을 계산해 내면 되기 때문이다.

세율 구간 이외에도 세금계산 구조에서 개인과 법인은 몇 가지 차이를 보인다. 이에 대해서는 추가적으로 살펴보고 의사결정하면 될 것이다. 양자의 차이는 다음과 같다.

〈참고〉 개인과 법인의 세금 계산상 차이

항목	개인사업자	법인사업자
적용세법	소득세법	법인세법
과세표준	총수입금액-필요 경비	익금-손금
과세기간	1월1일-12월 31일	정관에서 정함, 정하지 않으면 1월1일~12월 31일
과세범위	특정 사업소득은 원천징수로 과세종결(분리과세)	무조건 합산과세
납세지	사업자의 사업장 소재지	법인등기부등본상의 본점 및 주사무소
장부기장	일기장 의무자, 간이장부 대상자, 복식부기 의무자로 분류	무조건 복식부기 의무자
이중과세	이중과세 문제가 없음	법인세 과세 후 주주가 배당을 받으면 배당소득세를 과세하는 이중과세의 문제가 발생함

개인 vs 법인 관리절차가 많이 다른가요?

"법인사업자는 개인사업자에 비해서 신고절차뿐만 아니라 의사결정 절차도 복잡하고 까다롭습니다. 대신에 대외적인 신뢰도가 높고 규모 가 클수록 유리하기 때문에 사업을 확장하기에 적합하죠."

법인사업자는 개인사업자에 비해서 설립절차와 신고절차가 복 잡하고 까다롭다. 주주가 있어야 하고 정관도 갖추어야 하며 이사회 와 감사도 구성해야 한다. 준비해야 하는 서류도 많고 설립등기를 해야 효력이 발생한다. 물론, 옛날과 달리 상법이 개정되어 100원만 있어도 주식회사 설립이 가능하도록 하는 최저자본금제도를 폐지했 지만 여전히 절차는 복잡한 편이다.

개인사업자는 법인사업자에 비해서 의사결정과 절차가 간편하 다. 경영에 대한 모든 결정은 사장님이 하고 그 책임도 혼자서 떠안 으면 된다. 반면에 법인사업자는 경영의사결정은 이사회의 의결을 거쳐야 하고 주주총회에서 승인을 받아야 한다. 회사의 주인이 주주 이기 때문에 경영자 마음대로 의사결정을 할 수 없다. 자금의 인출 도 자유롭지 않다. 개인은 그냥 통장에서 인출했다가 다시 자금을 넣으면 되지만 법인은 함부로 법인통장에서 인출할 수가 없다. 사장 이 마음대로 법인통장에서 인출을 해서 사용할 경우 횡령으로 처벌 을 받을 수도 있기 때문이다.

〈참고〉 개인과 법인의 관리절차 비교

항목	개인사업자	법인사업자
설립절차	세무서에서 사업자등록을 하면 바로 사업 가능	주주확정, 정관작성, 이사와 감사 등 기관구성, 설립등기를 해야 사업 가능
이익의 귀속	대표자 개인에게 귀속됨.	법인의 사내유보금으로 귀속되어 결국 주주에게 배당으로 지급됨.
인출의 자율성	개인 소득이므로 자유롭게 인출할 수 있음.	법인 소득이므로 개인이 자유롭게 인출할 수 없음.
관리상 특징	회계와 장부기장이 편리	회계와 장부기장이 까다롭고 복식부기를 강제함.

　　개인사업자의 경우에는 소득이 모두 대표자에게 귀속되기 때문에 대표자의 재량이 막강하다. 다른 사람들의 영향을 받지 않고 자금을 인출하여 사용할 수 있다. 망해도 자기 책임이기 때문에 큰 문제가 되지 않는다. 그러나 법인사업자의 경우는 법인의 소득은 주주에게 귀속된다. 사장이 100% 출자하여 주주인 경우에는 큰 문제가 없겠지만 다른 주주가 존재할 경우에 주주총회의 승인이 필요하므로 자금인출이나 경영의사결정이 자유롭지는 않다. 게다가 법인이 망한다면 과점주주의 경우 제2차납세의무를 지므로 최대주주에게 법인에 대한 의무를 지우게 된다.

2. 영업적인 측면

법인사업자는 이렇게 경영자의 재량이 부족한 대신에 대외적인 신뢰도가 높다. 개인사업자보다 법률의 규제도 심하고 회계도 투명하기 때문에 외부에서 믿을만하다고 보는 것이다. 따라서 투자를 유치하고 자금을 조달하기에는 개인사업자보다 유리하다. 그리고 외부의 거래처와 거래를 할 때에도 개인사업자보다 법인이 훨씬 이미지 측면에서 장점이 있다. 아무래도 사회통념상 회사 상호가 주식회사로 시작되면 대외신용도는 좋아 보인다. 많은 회사들이 사업장 주소지를 강남으로 두려고 하는 이유도 같은 맥락이다.

3. 대출 및 투자 유치

개인의 경우는 대출 관련에 있어서 신용도 또는 소득금액에 따라 대출금액, 요율이 달라질 수 있다. 다만 법인의 경우는, 1) 안정적 지표, 2) 성장성 지표, 3) 수익성 지표, 4) 활동성 지표 등 총 네 가지의 지표를 참고하여 법인을 평가하며, 이는 재무제표를 통해 만들어진다. 각종 증자 또는 감자, 손익의 귀속시기 조절 등 다양한 방법을 통하여 재무제표의 구성이 가능하기에 아무래도 법인은 대출 관련 진행이 개인보다는 컨트롤 할 수 있는 부분이 다양하다.

투자유치 부분에 대해서도 살펴보자.

우리가 주식을 사는 것은 어떤 기업에 대한 투자인거고, 우리는 그 명목으로 주식을 받게 된다. 상담을 하다보면 개인사업자로 투자를 받았다고 하는 경우가 종종 있는데, 이는 명백히 애기하면 투자를 받은 게 아니라 금전을 차용한 개념으로, 이를 법적으로 보호받을 수 있는 서류는 차용증 뿐이다. 결국, 투자자와 투자 받은 분들은 본인들이 어떠한 행위를 했는지를 정확히 인지하지 못한 것이다.

반면, 법인의 경우는 투자를 하면 투자자는 주주명부에 올라 갈 수 있고, 법적으로 해당 법인에 대해 지분만큼 권리가 생기게 된다. 즉, 우리가 말하는 투자의 행위가 법적으로 성립되는 것이다. 다시 말해 투자라는 행위는 오로지 법인에게만 가능한 것이고 투자유치를 받기 위해서는 법인으로 사업자를 운영해야 한다.

지금 유통 쪽 창업을 고민하고 있다면 자신이 생각하는 기업의 규모에 따라서 개인사업으로 시작할지 법인사업으로 시작할지를 결정하면 된다. 규모가 작고 자신의 마음대로 기업을 운영하고 싶다면 개인사업자로 시작할 것을 추천한다. 그러나 기업의 규모를 확장할 욕심이 있고 대외적으로 신뢰성이 중요한 사업모델이라면 법인을 설립하여 사업할 것을 추천한다. 다만 개인사업에 비해서 부수적으로 발생하는 절차상 노력과 비용은 감수해야 할 것이다.

2

사업자등록을 하지 않으면
불이익이 있나요?

"우선 사업자등록을 반드시 해야 하는지를 먼저 따져보세요. 만약에
사업자등록을 해야 하는 경우인데도 불구하고 이를 하지 않으면 세제
상 각종 불이익이 뒤따릅니다."

주변에 프리랜서 사업자들이 정말 많다. 부동산 임대업을 하는 분들
도 자기는 사업자등록을 안 해도 된다고 생각하는 경우도 많고, 반
대로 사업자등록을 할 필요가 없는 프리랜서 사업자들이 사업자등
록을 하는 경우도 있다.

사업소득이 있으면 사업자등록을 반드시 해야 한다고 생각하는
사람이 있는 반면에, 소득은 최대한 숨겨야 한다는 생각에 사업자등
록을 하지 않고 사업하는 사람도 있다. 그렇다면 사업자등록은 반드
시 해야 할까? 그리고 반드시 해야 하는데 안 한 경우라면 어떤 불

이익이 있을까?

1. 원칙적으로 계속 반복적인 사업은 사업자등록을 해야 한다

영리를 목적으로 사업을 하는 경우에는 사업자등록 신청을 사업장의 관할세무서에 해야 한다. 사업자등록을 하지 않고 사업을 할 경우에는 몇 가지 불이익이 있다.

우선, 세금계산서의 교부가 불가능하므로 관련된 부가가치세 매입세액공제를 받지 못한다. 부가가치세를 납부하면서 내가 매입한 물건에 대해서는 환급을 받지 못하는 불이익이 있는 것이다. 그 다음으로는 사업자등록 없이 거래를 한 경우 미등록가산세를 물게 된다. 부가가치세법상으로는 신고불성실가산세도 추가로 물게 된다. 다만, 세금의 문제만 있을 뿐 형법상의 처벌은 받지 않으므로 이런 점에 있어서는 안심해도 된다.

2. 사업자등록을 안 해도 되는 경우도 있다

인플루언서 활동을 하면서 광고 수익을 얻거나 물건을 판매했거나 모바일 쇼호스트, 방송인 등 강연, 방송 섭외료를 주된 수입으로 하는 사람들은 프리랜서 사업자라고 볼 수 있다. 광고 및 대가성 포스팅을 하거나 방송 출연비, 강사료를 받으면 모두 사업소득으로 잡힌다. 광고회사나 업체에서 원고료나 방송비, 판매 수수료를 지급하기 전에 3.3%를 원천징수하여 세무서에 납부한다. 그리고 그 수입을 받은 사업소득자는 5월에 종합소득세 신고를 통해서 환급이나 추가 납부를 해야 한다. 프리랜서 사업자였던 나는 사업자등록을 했냐고? 아니, 사업자등록은 하지 않았다. 할 필요가 없었다.

프리랜서 사업자는 직원을 고용하고 사업장을 영위하면서 사업을 하는 사람들이 아니다. 그냥 개인이 자신의 몸뚱아리 하나 굴리면서 그 대가로 돈을 버는 사람이다. 대표적으로 전문 프로그래머, 학원강사, 연예인, 인플루언서, 모델, 방송인 등이 프리랜서 사업자다. 이들은 사업소득세를 내야 하지만 사업자등록을 할 필요가 없다. 굳이 세금계산서를 발행할 일도 없고, 소득을 누락할 우려도 없다. 이들에게 대가를 지불하는 곳에서 이미 원천징수 3.3%를 하고 지급할 테니 말이다.

한편, 쇼핑몰 창업을 하는 개인들이 사업자등록을 하지 않고 물건을 판매해도 된다고 착각하는 경우가 많다. 그런데, 쇼핑몰은 사업자등록 뿐만 아니라 통신판매업 신고도 해야 한다. 사업자등록은 사업개시일로부터 20일 이내에 일정한 서류를 첨부해서 세무서에 제출해야 하는데, 앞에서 소개한 바와 같이 홈택스로도 가능하다. 통신판매업 신고는 사업장 관할 시·군·구청의 관련 부서 혹은 민원24 사이트에서 가능하다. 실제로 사업자등록을 하지 않고 현금으로 물건을 판매하는 사람들도 많은데 이런 행위는 탈세행위다. 본인이 커머스를 제대로 시작하기로 마음 먹었다면 사업자등록 및 통신판매업 신고는 필수이다.

3

사업용 계좌

사업을 해본 경험이 있는 사람이라면 사업용 계좌에 대해서 들어봤을 것이다. 국세청에서는 사업을 함에 있어 발생하는 거래대금과 인건비, 임차료를 지급하거나 지급받을 때 가계용 계좌와 분리된 별도의 사업용 계좌를 관할세무서에 신고하도록 강제하고 있다.

"헐… 난 사업자등록은 했는데, 사업용 계좌는 신고하지 않았는데! 어쩌죠?"

* 사업용 계좌 신고 방법은 Part 3(p.98)을 참고한다.

다행히 모든 사업자가 사업용 계좌를 신고해야 하는 것은 아니다. 일정한 대상만 사업용 계좌설정을 강제하고 있다. 사업용 계좌는 개인사업자 등에서 '복식부기의무자'와 '전문직종사자'를 대상으로 한다. 업종별로 직전년도 수입금액(매출액)이 일정금액 이상인 경우에 복식부기의무자가 되므로 이를 잘 따져보아야 한다.

〈참고〉 사업용 계좌 신고대상

» 복식부기의무자

    [1호] 농업, 임업, 어업, 광업, 도·소매업, 부동산 매매업, 기타 아래의 2호와 3호에 해당하지 아니하는 업

        3억 원

    [2호] 제조업, 숙박, 음식점업, 전기, 가스, 수도사업, 건설업, 통신업, 금융 및 보험업

        1억5천만 원

    [3호] 부동산임대업, 사업서비스업, 교육서비스업, 보건 및 사업복지사업, 오락, 문화, 운동관련 서비스업과 기타 공구, 수리 및 개인서비스업, 가사서비스업

        7천5백만 원

» 전문직사업자

  〈부가가치세법 시행령〉 제74조 제2항 제7에 따른 부가가치세 간

이과세배제대상 사업자

변호사업, 심판변론인업, 변리사업, 법무사업, 공인회계사업, 세무사업, 경영지도사업, 기술지도사업, 감정평가사업, 손해사정인업, 통관업, 기술사업, 건축사업, 도선사업, 측량사업, 공인노무사업 등

〈의료법〉제2조에 따른 의료인이 영위하는 의료업

〈수의사법〉에 따른 수의사업

〈약사법〉에 따른 약사에 관한 업무를 행하는 사업자

　만약에 복식부기의무자이거나 전문직사업자에 해당해서 사업용 계좌를 만들어야 한다면? 은행에 가서 문의하면 쉽게 개설할 수 있다. 은행에서는 개인사업자를 위한 사업용 계좌와 관련된 여러 금융상품을 마련하고 있다. 개인사업자들을 우대하는 통장들이 대부분이고 이 중에서 가장 맘에 드는 것으로 만들면 된다. 통장을 개설했다면, 복식부기의무자의 경우에는 복식부기의무자에 해당하는 사업연도부터 5개월 이내에, 전문직사업자는 사업개시연도의 다음 연도의 시작일로부터 5개월 이내에 사업장 관할세무서에 신고하면 된다.

4
사업용 계좌를 쓰지 않는 경우
불이익이 있나요?

"사업용 계좌 개설은 일정한 요건에 해당하는 자에게는 의무입니다. 복식부기의무자와 전문직사업자가 이에 해당하죠. 이런 사업자가 사업용 계좌를 신고하지 않으면 가산세 등 불이익이 있습니다."

사업용 계좌를 사용하는 거래는 대표적으로 금융기관을 통해 거래대금을 결제받는 경우와 인건비 및 임차료를 지급하거나 받는 경우에 이루어진다.

우선, 금융기관을 통한 송금이나 자금이체, 어음수표법에 따른 수표나 어음으로 결제되는 거래대금의 지급이나 수취는 사업용 계좌를 사용해야 한다. 또한 조세특례제한법에 따라 신용카드, 직불카드, 기명식선불카드, 직불전자지급수단, 전자화폐 등을 통해 이루어진 거래대금의 지급이나 수취는 모두 사업용 계좌를 사용한다.

또한, 인건비나 임차료를 지급받거나 지급하는 경우에는 사업용 계좌를 사용한다. 다만 인건비는 거래상대방의 사정에 따라 일정한 자(종합신용정보집중기관에서 집중관리 대상으로 지정한 자 및 외국인 불법체류자)는 사업용 계좌의 사용을 면제한다.

이러한 사업용 계좌를 사용해야 하는 대상자임에도 불구하고 이를 사용하지 않았거나 신고하지 않은 경우에는 가산세의 불이익이 있다. 이때 미사용가산세는 사업용 계좌를 사용하지 않은 금액의 2/1,000(0.2%)로 계산되며, 사업용 계좌 무신고 가산세는 다음의 둘 중 큰 금액으로 한다.

1) 신고하지 아니한 기간의 수입금액의 2/1,000
2) 거래대금, 임차료, 인건비 등 거래금액 합계의 2/1,000 상당하는 금액

5

개인에서 법인으로
어떻게 전환하나요?

"개인사업자에서 법인사업자로 전환하는 방식은 여러 가지가 있습니다. 일반적으로 현물출자나 사업양수도 방법을 사용합니다. 특히 포괄적 사업양수도의 경우에는 과세이연의 혜택을 줍니다."

처음 시작은 개인사업자로 시작할 수 있다. 소규모로 사업을 시작했더라도 규모가 증가하면서 기업의 신뢰성과 자금조달을 위해 법인으로 전환하는 것을 고민하게 된다. 특히 앞에서 설명했듯이 매출 규모가 커지면 법인에 비해서 개인의 소득세 부담이 크기 때문에 절세를 위해 법인전환을 고려하는 경우가 많다. 이렇게 법인전환을 하려고 할 때, 따져봐야 할 것들이 생각보다 많다.

개인사업자는 설립등기를 하지 않고도 사업자등록만 하면 영업이 가능하다. 그리고 대표자가 임의로 자금을 인출할 수 있고 복잡한 절차를 거치지 않고도 의사결정이 가능해 법인에 비해서는 유연하다. 그러나 대표자는 채무에 대해 무한책임을 지며, 그만큼 담보가 부족하여 외부적으로 신뢰도도 낮다. 이에 반해 법인은 주주의 납입 금액을 한도로 유한책임을 지며, 주식회사의 경우 주권이나 회사채를 발행하여 대규모 자금조달이 가능하다. 또한, 거래처와 금융기관을 상대할 때도 상대적으로 유리하다. 이러한 장점 때문에 법인 전환을 하게 되는 것이다.

개인사업자가 법인사업자가 되는 방법은 여러 가지가 있다. 첫째로, 현물출자에 의해서 법인으로 전환할 수 있는데, 이 방법은 대표자가 자기 사업용 자산을 현물출자하여 법인을 설립하는 방법이다. 현물출자는 발기인(초기에 설립멤버인 주주)에 한정하기 때문에 개인사업자가 법인의 주주가 되어야 한다는 제한이 있다.

둘째로, 기업 간 합병으로 인한 법인전환 방법이 있는데, 개인 사업자 간에 합의를 통해서 통합하여 하나의 법인을 설립하는 방법이다. 설립하는 과정에서 이미 한쪽이 법인인 경우에는 흡수합병되지만 둘 다 개인인 경우는 법인을 신규로 설립해야 한다. 합병은 사업자가 가지고 있는 자산과 부채를 통합하여 하나로 합치는 과정이다.

마지막으로, 사업양수도에 의한 법인전환 방법이 있다. 이는 상법상 법인이 개인의 사업을 양수하여 개인사업자를 법인으로 포섭하는 방법이다. 이 방법은 사업양수도 계약에 의해서 다른 방법에 비해 쉽게 법인으로 전환할 수 있는 방법이다.

이와 같이 개인사업자가 법인으로 전환하는 방법은 여러 가지가 있다. 그런데, 법인전환의 경우 양도소득세, 부가가치세, 취득세, 등록세 등의 조세를 납부해야 한다. 그렇기 때문에 조금이라도 절세할 수 있는 방안을 강구해야 한다.

조세 지원을 받는 법인전환인 경우에는 사업용 고정자산을 양도한 개인이 양도세를 안 내고 양수인인 법인이 나중에 그 자산을 양도할 때 '토지 등 양도소득에 관한 법인세'를 내는 제도이다. 즉, 양수 법인이 개인사업자의 사업자산을 양수하면서 세금을 내지 않는 방법인 것이다. 물론, 양도세 이외의 부가가치세 등도 부과되지 않는다.

여기서 세금지원을 받는 법인전환은 '포괄양수도'라는 특별한 방식을 사용한다. 포괄양수도란 사업장 별로 양도인이 양수인에게 모든 자산과 부채를 양수하여 법인에게 동일성을 유지한 채 이전하는 것을 말한다. 양수인인 법인이 양도인인 개인사업자 그 자체를 양수하는 셈이다.

이러한 혜택을 받기 위해서는 (1) 숙박업 등 소비성 서비스업이나 일부 업종이 아니어야 하며, (2) 법인 설립일로부터 3개월 이내에 사업에 관한 모든 권리와 의무를 당해 법인에 포괄적으로 양도해야 하고, (3) 개인사업자가 회사설립 시 발기인으로 참여해야 하고, (4) 새로 설립되는 법인의 자본금은 법인전환으로 인해 없어지는 사업장의 순자산가액보다는 커야 한다.

본인 마켓을 운영하는 사업자들 입장에서는 단순 판매 행위만으로는 법인전환을 하는 경우는 드물다. 하지만 요즘 같은 초연결시대에는 세포마켓을 통해서 유통 플랫폼이 되기 때문에 더 큰 그림을 그리는 사업자라면 충분히 법인전환을 고려해볼 만하다. 아니면 신규 법인을 설립하여 개인사업자와 법인의 장점만 최대한 취해서 분리하는 방법도 있다.

6
사업자용 신용카드가 필요한가요?

"일반적으로 개인사업을 영위하는 사장님들은 개인용 신용카드와 사업용 신용카드의 구분 없이 쓰곤 합니다. 그런데 나중에 세무신고를 할 때 부가가치세 환급을 받지 못하거나 세무상 경비로 인정받지 못해서 세금을 많이 내게 되어 후회하십니다."

개인사업자는 사업경비와 개인적 경비를 구분하지 않고 혼용해서 쓰는 경우가 많다. 그러나 추후 부가가치세를 신고하거나 사업소득세를 신고할 때, 개인 용도의 경비와 사업용 경비가 구분되지 않아 애를 먹을 수밖에 없다. 처음부터 사업용 경비를 구분하지 않으면, 종합소득세 신고 시 사업소득에서 필요경비는 사업과 관련된 경비만 인정하기 때문에 세무신고할 때 이를 구분하기 위해서 엄청난 노력이 들어가게 된다.

영업활동을 하다보면 거래처에 접대를 하거나 거래대금을 결제할 때 신용카드를 많이 사용한다. 신용카드도 자신의 개인카드로 결제하는 경우가 많은데, 이 경우는 부가가치세 매입세액공제로 받을 수 있는 사업용 매입액으로 활용할 수 없다. 결국 부가가치세 환급에서 엄청난 손해를 보게 된다.

만약에 개인사업을 지속할 생각이라면 이렇게 세금에서 손해를 보지 않기 위해서라도 사업자용 신용카드를 사용하는 것이 좋다. 개인사업자가 사업자용 신용카드를 별도로 사용하여 지출할 경우에 세금계산서를 별도로 받을 필요도 없다. 이를 통해 매입세액공제를 받아 부가가치세 부담을 줄일 수 있다. 당연히 사업소득을 계산할 때 필요경비로 인정받게 되어 소득세도 절감할 수 있다. 이를 일석이조一石二鳥라고 하지 않던가.

사업자들은 신용카드를 많이 쓰기 때문에 그 활용성을 극대화하기 위해서 '사업자용 신용카드'를 카드사에서 제공하고 있다. 이를 이용하면 부가가치세 신고할 때 매입세액공제의 편의를 얻고 결제내역 중에서 매입세액공제가 가능한지 여부도 카드사 웹사이트에서 조회할 수 있다.

또한, 전자세금계산서를 발행하는 기능도 있다. 이제는 개인사업자도 전자세금계산서 발행이 의무이다 보니 서비스를 이용하면 쉽게 이런 의무를 이행할 수 있을 것이다. 이미 사용하는 신용카드가

있는 경우에는 국세청 홈텍스hometax.go.kr에 접속하여 사업용 신용
카드를 등록하고 사용할 수 있다.

7

쇼핑몰 사업자를 위한 회계관리 노하우가 있나요?

"쇼핑몰 사업을 하는 경우에는 다른 업종에 비해서 고정비가 적지만 그만큼 매출액을 내지 못하면 망할 가능성도 큽니다. 손익계산서 상 매출액이 예상과 일치하는지 지속적으로 체크하고 원가 구조를 이용 해서 손익분기점 분석도 해주면 판매전략을 세우는 데 보다 구체적인 목표를 설정할 수 있습니다."

바야흐로 스마트폰만 있으면 누구나 셀러가 되고, 쇼핑몰을 할 수 있는 시대!

전혀 다른 금융 컨설팅 커리어를 가진 내가 유통 플랫폼 사업을 시작하면서 동시에 바로 사업자등록을 냈다. 쇼핑몰은 통신판매업 이기 때문에 구청에서 통신판매업 신고를 하고 사업자등록을 낸 다음 영업을 해야 한다. 오프라인 매장이 있는 경우와 달리 비교적 고정비 지출이 적은 것이 쇼핑몰의 장점이지만 관리를 소홀히 하고 전략이 없다면 망하는 것도 그만큼 쉽다. 진입 장벽이 낮은 만큼 경쟁이 치열하기 때문이다.

1. 장부를 관리하고 살아남는 방안을 강구하자!

쇼핑몰은 경쟁이 치열한 만큼 매출액과 원가구조를 잘 관리해야 지속적으로 이익을 남길 수 있다. 그래서 재무상태표 보다는 손익계산서를 모니터링하고 관리할 요소를 판단하여 추가적인 의사결정을 해야 한다.

우선, 매출액이 예상보다 잘 나오고 있는지 체크해 볼 필요가 있다. 단가를 너무 낮추지 않았는지, 고객당 매출액은 어느 정도 되는지를 분석해서 예상했던 매출액과 비교하는 과정을 거쳐야 한다. 만약에 실제 매출액이 예상보다 저조한 경우 그 원인이 가격에 있는지, 품질에 있는지, 판매활동에 이상은 없는지 점검해 보아야 한다.

매출액을 검토했다면 그 다음으로는 매출원가를 차감한 매출총이익의 추세를 파악해 보아야 한다. 매출총이익은 영업활동을 통해 벌어들인 돈을 직접적으로 보여주는 지표다. 이러한 매출총이익이 증가 추세에 있다면 지속적으로 판촉활동 및 기존 고객관리를 철저히 하고, 감소 추세에 있다면 이를 증가시키기 위해서 어떤 마케팅 전략이 필요한지를 강구해야 한다.

다음으로 체크해야 하는 것이 영업경비 및 영업 외 비용의 통제다. 아무리 많은 매출을 일으키고 매출총이익이 증가 추세에 있다고 하더라도 각종 비용으로 새나가는 것을 막지 못하면 아무 소용이 없다. 결국 내가 가져가는 돈은 그 비용을 모두 공제하고 남은 순이익이라는 사실을 잊어서는 안 된다. 따라서 대출을 받아서 이자비용이 많이 발생한다면 매출총이익을 통해서 빨리 상환할 계획을 세우고, 다른 부수적 경비가 발생한다면 절감할 수 있는 방안을 꾸준히 모색해야 한다.

2. 손익분기점을 통해서 얼마나 팔아야 할지 목표를 세우자!

손익분기점Break Even Point은 총매출액과 총비용이 일치하여 순이익이 발생하지 않는 수준의 매출액 혹은 판매량을 의미한다. 손익분기점은 이익도 손실도 아닌 매출액이므로 이 수준보다 판매량을 더 늘릴 수만 있으면 이익을 볼 수 있다. 물론, 손익분기점보다 매출이 저조하다면 손실을 보는 것이다.

» 손익분기점은 다음 공식으로 계산한다

매출액 = 변동비 + 고정비

판매단가×판매량 = 변동비단가×판매량 + 고정비

→ 손익분기점 판매량 = 고정비 ÷ (판매단가−변동비단가)

손익분기점 매출액×(1−변동비율) = 고정비

→ 손익분기점 매출액 = 고정비 ÷ (1−변동비율)

위 공식에서 변동비에는 재고자산원가, 광고비 및 수도광열비 등 판매관리비가 포함된다. 매출액에 비례해서 발생하는 항목이 변동비인 것이다. 고정비에는 감가상각비, 임차료 등 매출액의 크기와 관계없이 매달 일정하게 발생하는 비용들이 포함된다.

만약에 쇼핑몰을 개업했는데 고정비가 매년 50,000,000원 예상되고, 상품 판매단가가 개당 50,000원이며, 단위당 변동비가 30,000원이라고 할 때 몇 개를 팔아야 손익분기점인지를 간단하게 계산할 수 있다.

손익분기점 판매량 = 50,000,000원÷(50,000원−30,000원)

=2,500개

결국 이런 원가구조하에서는 상품을 1년에 2,500개를 팔아야 본전으로, 만약 2,500개를 넘게 팔면 이익이 발생할 것이고 반대로 2,500개보다 적게 팔면 손실을 볼 것이다. 가령, 이 회사가 3,000개의 상품을 팔았다면, 이익은 다음과 같이 계산될 것이다.

$$\text{순이익} = (50{,}000원 - 30{,}000원) \times 3{,}000개 - 50{,}000{,}000원$$
$$= 10{,}000{,}000원$$

1년 동안 쇼핑몰을 운영해서 10,000,000원을 벌기 위해서는 3,000개의 상품을 팔아야 한다는 답이 나온다. 이렇게 손익분기점 분석을 통해 매출액을 얼마나 달성해야 하는지 목표를 세우고 영업 활동을 하는 것이 바람직하다.

3. 조세특례제안법 이것만큼은 알고 가자!

중소기업중앙회는 2020년 12월 27일 500개 중소기업을 대상으로 실시한 '2020년 중소기업 세제, 세정 이용 및 애로 실태조사'를 발표했다. 결과는 충격적이었다. 조세지원제도를 활용하는 기업은 응답 기업 가운데 18% 불과했기 때문이다. 대부분의 사업자들은 세무대리인이 있음에도 불구하고 조세지원제도를 이용하지 못하고 있는데 과연 왜 그럴까?

이유는 조세특례제한법의 활용도 때문이다.

조세특례제한법이란 조세의 감면 또는 중과 등 조세특례와 이의 제한에 관한 사항을 규정하며 과세의 공평을 도모하고 조세정책을 효율적으로 수행함으로써 국민경제의 건전한 발전에 이바지함을 목적으로 한다고 정의되어 있다. 알기 쉬운 말로 표현하자면, 법인세, 소득세, 부가세법 등을 매번 바꿀 수 없으니, 법률과 기한의 제한을 두어 한시적으로 혜택을 주는 것으로, 이는 우리가 자체적으로 지원해서 혜택을 받아야 한다.

지금 현 정부에서 시행하는 세법 중 우리가 유심히 봐야 될 것은 창업과 고용에 관련된 조세특례제한법이다. 활용하면 최대 100% 세액감면을 받을 수 있다.

청년창업 중소기업에 대한 특별세액감면

구분	대상	감면율
창업중소기업	수도권 과밀억제권역 외 청년창업중소기업	100%
	수도권 과밀억제권역 내 청년창업중소기업	50%
	수도권과밀억제권역 외 창업중소기업	50%
창업벤처기업	벤처기업 인증 기간 내	50%
신성장 서비스업	수도권과밀억제권역 외 창업 or 창업벤처기업 中	2년내 75%
		이후 2년간 50%
1년 수입금액이 4,800만원 이하 기업	수도권 과밀억제권역 외 창업	100%
	수도권 과밀억제권역 내 창업	50%

2018년 5월 29일에 신설된 조세특례제한법 제6조를 살펴보면

청년창업 중소기업에 속하는 요건들을 충족하면 사업장주소지에 따라 최대 100% 세액감면을 받을 수 있다는 것을 알 수 있다.

다음 그 요건들을 살펴보자.

1) 청년 요건

청년이란 창업 당시 만 15세 이상~만 34세 이하(18.5.29 이후 창업 시), 또는 만 15세 이상~만 29세 이하(17.1.1~18.5.28 이전 창업 시)로 정의되어 있다.

2) 업종 요건

업종은 굉장히 다양한데, 청년들이 일반적으로 많이 창업하는 업종은 음식점업, 방송업, 물류사업, 전문디자인업, 통신판매업, 경영컨설팅업, 그밖의 과학기술 서비스업 등으로 볼 수 있다. 물론 그밖의 업종들도 있으니 이는 담당 세무사와 상의하길 바란다.

3) 지역 요건

그림을 살펴보면 수도권이라도 과밀억제권역에 포함되지 않을 수 있으므로, 사업장 주소지를 어디로 하는지에 따라 세액감면율이 달라지므로 주소지 선택도 고려할 부분이다.

8

증빙관리
어떻게 하나요?

"증빙관리는 세무조사에 대응하기 위해서, 그리고 사업소득세를 절세하기 위해서라도 반드시 해야 하는 작업입니다. '증빙관리 10계명'을 통해 사업하면서 세금을 최소화할 수 있는 비법에 대해 알려드리겠습니다."

사업자로서 경영을 제대로 하려면 국세청에 세금신고 목적상 증빙관리를 철저히 해야 한다. 망하는 기업의 사장님들 대부분은 증빙을 그냥 버리거나 잘 관리하지 않아 소득세나 법인세 신고할 때 각종 경비처리를 할 수 있음에도 불구하고 처리하지 못해서 세금폭탄을 맞는 경우가 많다. 이런 증빙조차 제대로 챙기지 못하는데 더 중요한 영업 활동을 어떻게 챙길지 의심이 갈 정도이다.

증빙은 사업자라면 의무적으로 5년간 보관해야 한다. 소득세를 신고할 때 필요경비로 인정받았다면 5년간은 보관해야 추후 국세청에서 잘못된 부분이 발견되면 세무조사 등을 할 수 있지 않겠는가?

이때 국세기본법상 국세부과의 제척기간은 국가가 국세를 부과할 수 있는 기간이다. 이 기간 안에는 사업자의 소득이 발생했다면 국세청은 언제든지 세금을 매기고 걷어갈 수 있다. 이 제척기간은 일반적으로 5년이다. 물론, 악질적인 사기나 부정행위는 10년이지만 이런 경우는 드물기 때문이다. 결국 모든 사업자는 적어도 5년간은 증빙을 통해서 세금신고를 제대로 했다는 것을 소명할 준비를 해야 한다.

이렇게 5년 동안 증빙 보관을 해야 하는 이유에 대해 살펴보았다. 구체적으로 어떤 증빙을 챙겨서 어떤 관리를 해야 할까? 이에 대한 답으로 '증빙관리 10계명'에 대해서 알아보자.

증빙관리 10계명

[1계명] 세금계산서, 계산서, 매출전표, 현금영수증 등을 통해서 필요경비 내역을 챙겨두자. 이를 통해서 사업소득세 계산시 경비처리가 인정되어 세금을 절약할 수 있다. 이때, 3만 원을 초과하는 경비는 무조건 위의 적격증빙을 챙겨야 가산세 2%를

때려 맞지 않게 된다.

[2계명] 전기, 전화, 핸드폰, 가스 등 요금에 대한 영수증은 사업자등록번호가 적혀 있는 영수증을 받아야 부가가치세 매입세액공제가 된다. 휴대전화요금은 해당 통신사의 고객센터에 연락하여 신분증 사본과 사업자등록증 사본을 팩스로 보내면 부가가치세 공제가 바로 되기도 하므로 이를 알아두면 도움이 된다.

[3계명] 아르바이트생을 고용한 경우, 신분증 사본을 받아 근무 일수와 지급금액을 정리해 두어야 한다. 이렇게 하여 급여지급일 다음 달 10일까지 원천징수해야 필요경비로 경비 처리할 수 있다.

[4계명] 만약에 건물을 임차하여 사업장으로 사용하고 있다면 임대인이 일반사업자인지 보고 일반사업자라면 세금계산서를 받아서 챙겨두어야 한다. 만약에 간이사업자라면 간이영수증이라도 받아야 필요경비로 처리할 수 있다.

[5계명] 앞에서 설명한 사업용 계좌를 국세청에 신고했다면, 사업관련 자금만 입금과 출금하도록 하고 사업용 카드를 등록했다면 그 카드로 사업용 경비를 지출해야 한다. 개인카드로 사업용 경비를 지출하면 필요경비로 인정받기 힘들다는 점을 명심해야 한다.

[6계명] 접대비는 금액을 따져보고 1만 원을 초과하면 무조건

적격증빙을 챙겨야 경비로 인정된다. 단, 경조사비는 20만 원까지 적격증빙이 없어도 청첩장 등만 있으면 비용으로 인정되므로 이것만 보관하면 된다. 또 화환 등도 계산서를 미리 받아두면 접대비 경비로 처리할 수 있다.

[7계명] 종업원을 위한 식대는 복리후생비 계정으로 처리한다. 이에 대한 영수증을 잘 챙겨야 경비로 인정받을 수 있으며, 3만 원을 초과하는 부분은 적격증빙(세금계산서 등)을 챙겨두어야 된다.

[8계명] 차량유지비 항목인 자동차세, 자동차 보험료, 유류대, 자동차 수리비, 구입비 영수증 등을 잘 챙겨두어야 이를 경비로 인정받을 수 있다. 만약에 다른 사람의 이름으로 지출이 이루어졌더라도 사업에 사용했다는 것이 분명하면 경비로 인정받을 수 있기 때문에 이 또한 적격증빙을 잘 챙겨두자.

[9계명] 개인사업자의 경우 건강보험료 등은 직장 및 지역가입자 모두 경비로 인정받을 수 있으므로 종합소득세 확정 신고 시 건강보험관리공단 홈페이지 등을 통해 그 금액을 확인해 보아야 한다.

[10계명] 농산물을 이용하여 영업을 하는 사업자의 경우에는 농산물 공급업자로부터 반드시 계산서를 받아두어야 한다. 이를 통해 부가가치세 계산시 의제매입세액공제를 받아 환급받을 수 있다.

9
적격증빙이
무엇인가?

"부가가치세 매입세액공제를 통해 환급을 받거나 소득세 신고 시 필요경비로 인정받아 소득세를 절세하기 위해서는 적격증빙을 갖추어야 합니다. 적격증빙에는 세금계산서, 계산서, 현금영수증, 신용카드 매출전표가 있는데요. 각각에 대해서 살펴봅시다."

앞에서는 증빙관리에 대한 노하우를 소개했다. 그런데 적격증빙은 왜 필요할까? 적격증빙을 챙겨야 하는 이유는 간단하다. 세금을 줄이기 위해서 챙기는 것이다. 적격증빙을 잘 챙기면 매입세액공제를 통해서 부가가치세를 환급받을 수 있다. 또한 장부상 경비로 인정되어 사업소득세를 신고할 때도 필요경비 처리가 된다. 이를 통해서 소득세를 절감할 수 있다. 이러한 적격증빙에 대해서 자세히 알아보자.

적격증빙

세금계산서

계산서

현금영수증

신용카드매출전표

첫째로, 세금계산서는 사업과 관련된 거래에서 가장 일반적인 증빙이다. 세금계산서는 모든 거래에서 가장 확실하고 객관적인 증빙이라고 할 수 있다. 세금계산서의 발행은 일반과세자로 사업자등록을 한 사업자만 가능하고 간이과세자 및 면세사업자는 발급할 수 없다. 세금계산서에는 그 기재사항이 규정되어 있는데, 반드시 기재해야 하는 필요적 기재사항이다. 이것을 기재하지 못하면 필요경비로 공제받지 못할 뿐만 아니라 가산세의 불이익도 있다.

세금계산서

필요적 기재사항

공급하는 사업자의 등록번호 및 성명(명칭)

공급받는 자의 등록번호

세금계산서는 최근에 전자세금계산서로 발행하도록 의무화되고 있다. 따라서 거래상대자는 전자세금계산서로 발행해야 한다. 또한, 세금계산서 발행을 요구하는 입장에서 상대방이 세금계산서를 발행할 수 있는 사업자인지(일반과세자 인지)를 홈택스hometax.go.kr에서 [조회/발급] 안의 [사업자 상태]를 클릭하여 조회할 수 있다. 세금계산서를 부정하게 발급받아 매입세액공제 등을 받을 경우 가산세를 묻기 때문에 잘 챙겨야 한다.

둘째로, 계산서는 부가가치세가 면제되는 재화나 서비스를 공급하는 면세사업자가 발행할 수 있는 증빙이다. 면세사업자와 간이과세자는 세금계산서를 발급할 수 없기 때문에 이런 사업자와 거래한다면 계산서라도 받아두어야 한다. 여기서 면세사업자에는 학원, 의료업 등이 속한다. 계산서는 부가가치세 신고를 할 때 매입세액공제는 되지 않는다. 그러나 농수산물을 구입하는 경우 의제매입세액공제가 가능하며 종합소득세를 신고할 경우 필요경비로 경비처리도 가능하다.

셋째로, 현금영수증은 소비자가 현금을 사용할 때 핸드폰 번호를 제공하고 가맹점이 영수증 장치를 통해서 현금영수증을 발급해

이 내역이 국세청으로 통보되는 방식이다. 현금영수증도 엄연히 적격증빙으로 인정된다. 사업과 관련된 거래를 했다면 해당 거래금액은 매입세액공제를 통해 부가가치세 환급도 되고, 필요경비로 소득세 절감도 가능하다.

넷째로, 신용카드매출전표는 영업과 관련하여 신용카드로 인한 매출이 발생했을 경우 매출액에 대한 증빙으로 사용한다. 한편, 매입하는 사업자의 입장에서는 매출기업의 신용카드매출전표를 받아두면 지출액에 대한 확실한 증빙으로 활용할 수 있다. 이 또한 부가가치세 매입세액공제뿐만 아니라 필요경비를 인정받는 데 사용할 수 있다.

10
간이과세자가 뭔가요?

"간이과세자는 직전 연도 매출액이 8,000만 원 미만이면서 간이과세 배제 업종이 아니면 이 형태로 사업자등록을 할 수 있습니다. 구체적으로 일반과세자와의 차이점을 살펴보도록 합시다."

사업을 하는 사람이라면 누구나 간이과세자라는 용어를 들어봤을 것이다. 간이과세자는 매출액이 8,000만 원 미만이면서 간이과세배제 업종이 아니면 신고하여 적용받을 수 있다(다만 부동산임대업 및 과세유흥장소는 개정되기 전인 4,800만 원이 유지되고 있다). 또 현재 세금계산서 발급 의무가 있는 일반과세자는 간이과세자로 전환되더라도 세금계산서 발급 의무는 계속 유지된다.

대부분의 사람들이 간이과세는 세금을 적게 내고 과세 절차도 간단할 거라고 생각한다. 어느 정도 맞는 말이기는 하다. 그러나 오히려 일반과세자보다 세금을 더 많이 부담하는 경우도 있다. 따라서 간이과세자에 대해서 정확하게 이해하는 것은 중요하다. 일반과세자와 간이과세자를 구분하는 이유는 '부가가치세' 때문이라는 것은 기본적으로 알고 시작하자.

〈참고〉 간이과세가 배제되는 경우

» 종목기준에 따른 간이과세 배제

간이과세 배제에 대한 자세한 내용은 부가가치세법 시행령 제109조 【간이과세의 적용범위】에 나와 있다. 해당 조문을 보면 다음의 업종은 간이과세가 배제된다.

1. 광업
2. 제조업. 다만, 주로 최종소비자에게 직접 재화를 공급하는 사업으로서 기획재정부령으로 정하는 것은 제외
3. 도매업(소매업을 겸영하는 경우를 포함하되, 재생용 재료수집 및 판매업은 제외)
4. 부동산매매업
5. 개별소비세법에 따른 과세유흥장소를 경영하는 사업으로서 기획재정부령으로 정하는 것

6. 부동산임대업으로서 기획재정부령으로 정하는 것
7. 변호사업, 심판변론인업, 변리사업, 법무사업, 공인회계사업, 세무사업, 경영지도사업 등 전문직 사업자
8. 사업장의 소재 지역과 사업의 종류·규모 등을 고려하여 국세청장이 정하는 기준에 해당하는 것

    따라서 위의 업종에 해당되면 간이과세가 배제되는데, 8번째 항목을 보면 국세청장이 지역과 사업의 종류를 고려하여 기준을 정하도록 되어 있다. 법에서 명시하지는 않았지만 국세청장이 고시하는 기준에 해당되면 간이과세를 배제하게 된다. 이 조항이 실무적으로 혼란을 가져오는 경우가 종종 있다. 사업자등록을 하러 세무서에 갔다가 당연히 간이과세가 될 줄 알았으나 거부되는 경우가 발생하기도 하는데, 마켓 창업에서는 그런 경우가 드물기 때문에 크게 신경을 쓰지 않아도 된다.

» 지역에 따른 간이과세 배제

지역별로 간이과세를 배제하는 경우. 서울 강남처럼 도시의 번화가이거나 대형마트 등은 간이과세가 배제된다. 서울의 경우 김포공항 청사, 이마트, 홈플러스, 구로기계공구상가 등 다양하게 지역을 정의하고 있기 때문에 본인이 해당되는 지역을 자세히 알아볼 때는 국세청 자료(2021.1.1.시행 간이과세 배제기준(국세청 고시 제2020-40호)를

참고한다.

그러나 위의 지역에 해당된다 하더라도 다음과 같은 사업자는 간이과세를 적용할 수 있다.

1. 요구르트, 화장품, 우유, 주스 등의 외판원(건강식품 외판원 제외)
2. 개인용달, 개인화물 및 개인(모범)택시 사업자
3. 복권·승차권 판매업자, 가로가판점, 열쇠수리업
4. 무인자동판매기를 이용하여 음료 및 담배 등을 판매하는 사업자

일반과세자와 간이과세자는 다양한 차이점이 있지만 그 중에서 신고기간이 가장 두드러진다. 일반과세자의 경우에는 1기(1월 1일부터 6월 30일까지)와 2기(7월 1일부터 12월 31까지)로 나누어 1월과 7월에 두 번 신고납부를 한다. 반면에 간이과세자는 1월 1일부터 12월 31일까지의 과세대상기간에 대해서 다음 해 1월에 한 번만 신고납부를 하면 된다.

간이과세자는 1년에 한 번만 신고납부하면 되어 간편하지만, 세율 적용에 있어서도 일반과세자와 차이가 난다. 부가가치세 신고할 때 일반과세자는 모든 재화의 공급에 대해서 10%의 단일세율을 적용받는다. 그러나 간이과세자는 업종별 부가가치율이라는 것을 곱하기 때문에 일반과세자의 세액에 5~30% 정도를 더 곱해서 세액을 계산한다. 이는 매입세액공제가 안 되는 부분을 보완해 주는 방편이지만 매입세액이 없는 사업자를 가정한다면 세부담이 훨씬 적은 것이다.

〈참고〉 간이과세자의 업종별 부가가치율

업 종	부가가치율
전기, 가스, 증기, 수도	5%
소매업, 재생용 재료수집 및 판매업	10%
제조업, 농림어업, 숙박업, 운수업, 통신업	20%
건설업, 부동산임대업, 기타 서비스업	30%

간이과세자는 신고서를 작성할 때 매출처별 세금계산서 합계표를 작성하지 않아도 된다. 이 부분이 일반과세자와 다른 점이다. 간이과세자는 매출할 때 세금계산서를 발급하지 못하므로 합계표 작성도 면제해 주는 것이다. 실제 거래에서는 거래 상대방이 세금계산서를 요구하는 경우가 많기 때문에 간이사업자는 이를 하지 못한다는 점에서 불리하다. 따라서 거래처가 세금계산서를 요구하는 영업을 할 경우에는 일반사업자가 보다 유리할 것이다. 또한, 매입세액이 매출세액보다 크면 부가가치세 환급이 되어야 정상인데, 간이과세자는 이러한 환급이 되지 않는다는 점에서 일반과세자에 비해 불리한 점이 있다.

간이과세 VS 일반과세,
어느 것이 나에게 더 유리할까?

사업을 새로 시작하는데 간이과세 배제가 아니라면, 간이과세가 좋은지 일반과세가 좋은지 많이 고민한다. 간이과세자로 사업자를 내는 가장 큰 장점은 부가가치세의 부담이 줄어든다는 것. 간이과세는 일반과세자에 비해 부가가치세의 계산이 단순하며 통상적으로 일반과세로 하는 경우보다 부가가치세가 적게 나오는 경우가 많다. 그러나 간이과세자의 가장 큰 단점은 부가가치세 환급을 받지 못하는 것이다. 사업 초기의 인테리어 비용 등 지출이 많은데 간이과세자로 할 경우 환급이 어렵기 때문에 경우에 따라서는 새로 사업자등록을 하더라도 일반과세자로 하는 것이 유리할 수도 있다. 하지만 스마트폰 하나로 별도의 고정비나 초기 투자비용이 크게 들어가지 않는 무자본 스타트업인 유통 사업자는 매출 금액이 8,000만 원이 도달하게 되면 자동으로 일반과세자로 변경이 되기 때문에, 그 전까지 부가가치세가 적게 나오는 수혜를 누리는 것이 좋을 수도 있다.

희타민 – 권성희 쇼호스트

방송인 권성희에서 쇼호스트 희타민으로 이력은 조금 특이하다. 특이하다고 하기 보다는 정말 방송에서 살아남기 위해 닥치는 대로 방송일은 했다고 생각하면 된다. 그만큼 방송에 진심이었고 간절했다. 그렇게 열심히 살다 보니 방송이 어떻게 돌아가는지 이해되기 시작했고 내가 이곳에서 어떤 역할을 해야 할지도 보이기 시작했다. 방송을 처음 시작하는 사람들에게 하고 싶은 말은 이렇다.

1. 일단 다 해봐라, 뭐가 됐든

제일 중요하다. 방송이라면 다 해보는 것이 중요하다. 어떤 기회가 내게 와서 어떤 방향으로 발전할지는 아무도 모른다. 내 커리어에 해가 되는 것이 아니라면 뭐가 됐든 열심히 다 해보는 것이 중요하다.

2. 세상에 노출되어야 한다(유튜브, TV, 행사 등등)

방송인은 무조건 노출이 제일 중요하다. 많이 노출되어야 사람들의 눈에 익게 되고 그것이 곧 브랜드가 된다. 어떤 채널이든 많이 보이고 자신만의 플랫폼을 잘 구축하여 사람들에게 자신을 알리는 작업이 중요하다.

3. 내가 있는 곳의 구조를 파악하고 항상 기민하게 움직여라

다른 분야에서도 적용되는 말이겠지만 특히나 방송 쪽은 너무나 빠르게 변화한다. 뉴미디어 시대에 살면서 뉴미디어 분야에 종사하고 있다면 기민하게 움직이며 언제나 트렌드에 민감하게 반응해야 한다. 원래도 빠르게 변화하는 시장이었지만 라이브커머스로 넘어오면서 더욱더 시장은 예측하기 어려워졌다. 그 시장을 빠르게 파악하기 위해서는 업계 관계자들을 최대한 자주 만나며 그들의 의견을 듣고 습득해야 한다.

그렇지 않을 경우 업계에서는 도태되기 십상이고 한순간에 일이 없어진다. 방송에서 정규직은 점점 사라지고 있기 때문에 스스로 기민하게 움직이며 업계의 변화를 읽어내지 못하면 일을 하고 싶어도 못하는 상황이 올 수 있다.

4. 많은 사람을 만나고 많이 들어라. 무조건 도움이 된다

내가 방송 외에 가장 많은 시간을 들이는 것이다. 방송 그리고 미팅 외에 나는 꾸준히 다양한 사람을 만나고 있다. 기본적으로 방송은 모든 업계랑 연관되어 있다고 생각하면 좋다. 방송 관계자들을 많이 알고 진행자들을 많이 아는 것도 중요하겠지만 라이브커머스 진행자로 잘되는 것이 목표라면 모든 분야의 사람을 알아두는 것이 좋다.

● **내가 공동구매하는 쇼호스트가 된 이유**

공동구매 시장을 알기 전까지 나는 이 업계에 대해서 하나도 몰랐다고 봐도 무방하다. 그만큼 공동구매 시장은 엄청나게 큰 시장이었으며 모든 판매가 공동구매로 귀결되고 있었다. 처음 공동구매를 시작하게 된 것은 방송을 통해 만난 공구 인플루언서 때문이었다. 항상 어떻게 하면 방송을 잘할지 어떻게 해야 잘 팔릴지만 고민하고 있었는데 라이브 방송 게스트로 나온 공구 인플루언서 분이 그날 방송 매출을 엄청나게 높여 주셨다. 그동안 수많은 쇼호스트와 함께했을 때보다 훨씬 많은 매출을 보여주어 공동구매 인플루언서가 무엇인지 궁금해졌고, 그분과 함께하는 3일간의 공구를 통해 나타난 매출을 듣고 놀랄 수밖에 없었다.

　인스타그램 인플루언서를 시작으로 발전된 공구 시장은, 모든 업체들의 마케팅 수단으로 쓰일 만큼 엄청나게 큰 시장이었고 인스타그램 검색을 통한 구매는 이미 활성화되어 있었다. 쇼호스트도 결국엔 자기 브랜드를 내지 않으면 롱런할 수 없다는 생각을 갖고 있던 찰나에, 내가 브랜드를 내게 된다면 공동구매에서 발전하여 결국 제품개발까지 갈 수 있지 않을까 하는 생각이 들었다. 그래서 공동구매를 통해 내 이미지를 만들어 나가고 유통의 구조를 배우고 제품개발에 참여해서 내 이름을 건 제품을 만들어내고 싶었다. 나는 쇼호스트로서 더 오래 살아남기 위한 방법으로 공동구매를 선택했다.

● 나만의 공구 전략

사람별로 다양한 공구 전략을 가지고 있다. 아름다운 얼굴로 인기를 얻어 공구를 진행하는 사람도 있고, 꾸준한 관리를 통해 얻은 탄탄한 몸으로 공구를 진행하기도 한다. 아니면 정말 열심히 소통하면서 소비자들과 친구 같은 모습이나 옆집 언니처럼 공구를 하는 사람도 있고, 자신의 힘든 모습, 인간적인 모습을 많이 보여주면서 이를 통해 같이 위로를 받고 많은 팬이 생기는 인플루언서도 있다.

이런 다양한 전략 중 나만의 방법은 바로 방송과 일상을 분리하지 않는 것이다. 현직 라이브커머스 쇼호스트 중에서 공구를 진행하는 경우는 내가 유일할 것이다. 그래서 공구 인플루언서들과는 조금 다른 특장점을 가지고 있다고 생각한다. 실제로 그동안 다양한 제품들을 많이 봤고 직접 방송을 진행하면서 판매하고 있다. 공동구매 제품들이 대부분 중소기업 제품들이라면, 내 경우는 대기업 제품들도 많이 판매하고 있다. 방송을 위해 제품 공부를 더 꼼꼼하게 한다는 점과, 유명 홈쇼핑 모바일라이브에서 판매활동을 한다는 점에서 신뢰를 얻고 있으며, 공구를 하면서 라이브 방송을 진행할 경우 매끄러운 진행이 가능하다는 장점도 있다. 그래서 나는 일상과 방송을 분리하지 않는다. 내 삶 자체가 매일 판매를 하고 제품을 공부하는 사람이라는 것을 계속 노출시킨다.

예쁘게 입고 먹고 그래서 사람들이 나를 보고 구매하는 것이 아니라 항상 수많은 물건들에 노출되어 있고 매일 같이 제품 공부를 한다는 점과, 내가 진행하는 공구는 수많은 물건들 중에서 고르고 고른 제품이라는 점으로 소비자들의 신뢰를 얻고 있다. 특히나 내가 집중적으로 공략하는 피부 분야에서는 인스타그램 고객님들의 신뢰도가 상당히 있는 편이기 때문에 건강기능식품, 그리고 피부와 관련해 꾸준히 게시글을 업로드 하며 팬층을 만들고 신뢰도를 쌓고 있다.

● 라이브커머스 300회 이상 진행한 현직 쇼호스트가 보는 라이브커머스 시장의 미래

다양한 사람들이 라이브커머스의 미래에 대해 논하지만, 누구도 정확한 결론을 내지 못한다. 그만큼 아무도 예측할 수 없는 시장이다. 코로나라는 예상치 못한 특수 환경에서 더 빠르게 시장이 발전했기 때문에 한국시장에 대한 이해도도 높아야 한다.

라이브커머스의 매출전환율이 많이 떨어지기 때문에 결국에는 라이브커머스가 사라지게 될 것이라는 판단. 혹은 1시간짜리의 긴 방송이 아니라 짧은 형식의 V콘텐츠를 보고 구매할 것이라는 판단. 진행자는 사라지고 1인 크리에이터만이 남아 PD, MD, 진행까지 모두 하게 될 것이라는 판단까지 의견이 다양하다.

필자는 라이브커머스 시장은 결국 전문 진행자가 아니라 공동구매 셀러가 진행하게 될 것이라고 보고 있다. 이 진행자는 진행만 하는 것이 아니라 자신이 방송을 기획하고 제품을 선정하며, 사후관리까지 모두 담당한다. 여기에서 더 나아가 제품을 개발하고 자신의 이름을 걸고 판매까지 하게 될 수도 있다. 결국 모든 커머스는 개인이 브랜드가 될 것이며, 개인이 브랜드가 되기 위해서는 판매를 잘하는 셀러가 되어야 한다.

셀럽이라고 해서 판매를 잘하는 것이 절대 아니며, 마이크로 인플루언서라고 해서 판매를 못하는 것도 전혀 아니다. 지금이라도 레퍼런스를 쌓아가며 판매를 위한 노력을 하고 내 소비자 층과 진정으로 소통해야 한다. 그리고 이를 기반으로 섭외되어 가는 방송이 아니라, 내가 직접 방송을 만들고 기획하여 출연하는 형식으로 흘러가야 한다. 더이상 섭외되는 쇼호스트는 업계에서도 원하지 않을 것이며 점점 더 그 출연의 기회가 줄어들 것이다. 결국 방송인의 끝은 내가 브랜드가 되지 않으면 안 된다는 것을 깨달아야 한다.

차아나 – 차보경 아나운서

사람은 살면서 꽤 여러 번의 기회가 온다. 나의 기회 중 한 번이 지금인 것 같다. 아나운서로, 영상팀을 운영하는 실장으로, 스토어를 운영하는 대표로, 브랜딩 하는 매니저로, 인플루언서와 성장하는 MCN까지 여러 가지 일을 하며 지내고 있다. 어떻게 보면 하나만 제대로 하라는 생각이 들 수도 있는데 모르는 소리다. 이 모든 일들은 다 하나로 연결되어 있고 함께 시너지를 내고 있는 중이다. 몸이 하나라 안타깝고 힘들 뿐이지 하루하루가 기대되고 뿌듯하다.

낮부터 저녁까지 영상팀 영상 컨펌 회의, 미팅, 기획, 일정 정리 등등을 하고 스토어 발주, CS, 본사와 인플루언서 관리, 페이지 관리를 진행 중이다. 잠을 줄이고 주말을 반납했지만 실제로 성과가 나타나면서 성취감에 더 기쁘고 내가 성장하고 있음을 느낀다. 단순히 주어진 제품을 판매하는 것보단 내가 직접 발로 뛰고 운영하고 경험하는 것이 배로 성장하게 된다. 아나운서로 출연만 했을 때와 영상 제작에 참여하면서 출연할 때는 차이가 크다. 편집 점과 앵글, 마이크 소음 등등 다른 부분에도 신경 쓰게 되고 도움을 주게 된다.

라이브커머스도 마찬가지다. 내가 직접 운영하면서 소비자와 소통하게 되면, 피부로 더 와닿는다. CS를 통해 다음 판매 때는 이런 점을 얘기하고 이런 것은 개선해야 겠구나 등등 내 방송의 질도 자연스럽게 올라간다. 뭔가 하나를 진정성 있게 하고 싶다면 그 분야에 깊이 들어와서 경험해봐야 한다고 생각한다. 주어진 대본, 순서, 정보를 토대로 진행만 해서는 안 된다. 무엇이든 본질을 경험하라.

젤리 - 김자원 커머스디렉터

블로그 마켓을 통해 제품을 판매한 경험도 있고, 구매를 한 적도 있지만 사실 인스타그램을 통해 제품을 산다는 것이 '1. 과연 수익 실현이 이루어질까?' '2. 제대로 된 제품을 판매할까?'에 대해 항상 의문이 있었다. 지금까지 살면서 경험한 정형화된 유통 채널과는 너무나도 다른 새로운 방식으로 물건을 구매하는 것이 어색했고, 비즈니스 모델이나 제품 유통 과정이 대중에게 정확히 알려져 있지 않아 의심했던 것 같다. 백화점 식품관에서 판매하는 제품은 까다로운 검증 과정을 거친 고 퀄리티 제품이고, 1인 셀러가 판매하는 제품은 정확한 퀄리티 체크 없이 판매할 것이라는 막연한 의심이었다.

하지만 이 시장을 경험한 후, 인스타그램을 통해 오랜 기간 판매한 셀러들은 그 누구보다 고객의 소리에 귀를 기울이고, 제품에 대한 공부를 많이 하는 사람들이며, 끊임없이 시장 및 경쟁사 조사를 놓치지 않는 전문가라는 것을 알게 되었다.

새벽 2~3시까지 깨어서 국내 인스타그램 트렌드 뿐만 아니라 해외에서 핫하다는 아이템은 모두 찾아보고 다음 아이템을 무엇으로 선정할지를 끊임없이 고민한다. 음식점에 가서도 식기류와 음식 맛을 보며 판매 아이템이나 콘텐츠에 적용할 부분이 없을지 논의하고,

여행을 가서는 실시간 좋은 정보를 팔로워들에게 전달하기 위해 일부러 가장 트렌디한 곳을 찾아간다.

이 일의 장점은 시간과 공간의 제약이 없다는 점이지만, 동시에 치명적인 단점은 고객과 업체에 실시간 응대가 필요하다는 점에서 9 to 6 출퇴근이 없다는 점이다. 예를 들어 예상치 못한 물류센터의 정전, 코로나 확진자 발생 등으로 택배 발송이 늦어지게 되면, 퇴근해야 하는 시간일지라도 1:1로 고객에게 상황을 설명하는 것이 필요하다. 따라서 이 일을 전업으로 하려면 남들이 휴식하는 시간이나 휴일에 일하는 것에 스트레스 받지 않는 사람이 적합하다고 본다. 더불어 본인만의 스토리텔링으로 팔로워들과 실시간으로 소통하는 것이 필요하기 때문에, 일터와 삶이 on/off가 아니라 연결되어 있어야 한다.

필자도 아직은 이 시장을 경험한 지 얼마 안 됐기 때문에 이 팁이 보편적으로 받아들여지지는 않을 수 있다. 하지만 한번쯤 생각해 본다면 조금이나마 도움이 될 것이다.

1. 인스타그램은 또 하나의 새로운 사회이다

콘텐츠를 자발적으로 업로드하는 인스타그램의 특성에 따라 셀러 또한 소통을 통해 불특정 다수와 본인의 생각을 공유하고자 하는 사람이 대부분이다. 사회 속에는 본인의 생각이나 콘텐츠를 불특정 다수에게 드러내는 것을 극도로 싫어하는 사람, SNS를 하지 않는 사람, SNS를 하지만 구경만 하거나 개인 일기장처럼만 사용하는 사람

등 다양한 사람이 존재한다. 인스타그램에서 존재감을 드러내는 집단은 실제 사회 속에서는 일부의 사람이지만 인스타그램 사회 속에서는 비슷한 사람들끼리 사회 활동을 할 확률이 높다. 따라서 필자는 인스타그램을 적극적으로 하는 집단만의 문화와 특성이 있는 사회적 공간이라고 생각한다. 이를 행동으로 적용하면, 일상 속에서는 "예쁘다"를 인스타그램에서는 "여신, 요정아닌가요?" 등 조금은 과장해서 표현한다. 이에 대해 이해하면 더욱 적극적으로 인스타그램에서 활동할 수 있을 것이다.

2. 본인만의 기준을 정하라

인스타그램에서 판매를 시작하면, 현재 SNS 공동구매 시장을 새로운 유통 채널로 눈여겨보는 제조사/브랜드사가 많기 때문에 수많은 업체와 벤더사의 연락을 받게 될 것이다. 이때 본인의 기준을 정확하게 갖고 나아가는 것이 중요하다.

다음 여덟 가지는 제품 선정 시 기본적으로 고려해야 할 기준이다.

1. 블로그 바이럴이 되어 있는가?

2. 카페(여초, 맘카페, 지역카페) 언급 및 대란템이었던 적이 있는가?

3. 유튜버, 인플루언서 등 리뷰가 충분히 있는가?

4. 스마트스토어 혹은 자사몰 리뷰가 100개 이상인가?

5. 모든 인증 및 검증 절차를 받았는가?(KC 인증, HACCP 혹은 제품군에 준하는 검증 절차)

6. 현재 진행하는 셀러 레퍼런스가 확실한가?

7. 가격/특색/최초 중 하나의 강점을 갖고 있는가?(누구보다 싸거나, 남들보다 특색 있거나, 지금까지 없었던 상품이거나)

8. 해외에서 유명한 제품인가?

3. 나만의 일과표를 만들라

본인이 어떻게 시간을 분배할지에 대해 체계적으로 계획하는 것이 중요하다. 직장을 다니며 이 일을 한다면, 출근 전후 시간을 더욱 타이트하게 관리해야 한다. 가령, 출근 전 아침 포스팅, 점심시간 CS, 퇴근시간 저녁 포스팅, 잠자기 전 라이브 등 본인의 루틴이 있어야 한다. 또한, 전업으로 이 일을 하게 된다면, 시간을 자유롭게 조정할 수 있는 것이 큰 장점일 수 있지만 제대로 계획하지 않으면 비효율적으로 일을 처리하게 될 가능성이 높다.

필자는 8시 30분 기상을 기준으로 10시부터 업무를 시작하고, 주 2회는 오전에 운동을 한다. 또한, 원칙적으로 금요일은 외부 미팅을 잡지 않는다. 주말에 미팅이 생긴다면 하루에 몰아서 잡고, 하루는 무조건 쉰다. 처음에는 이것을 제대로 계획하지 않아서 금방 끝날 일을 흐름이 끊기게 나눠서 하고, 우선 순위도 뒤죽박죽이 되는 시행착오를 겪었다. 따라서 일을 시작하기 전에 본인의 흐름에 따라 일과표를 만들고 시작하는 것을 추천한다.

최라벨 – 최유진

급속한 성장 속도를 보임에도 불구하고 여전히 많은 사람들이 세포마켓 파워에 의구심을 갖는다. 몇 년 전부터 불거진 인플루언서나 인스타그램 마켓 관련 이슈들 때문에 오래가지 못할 유행이라고 부정적으로 보는 시각들도 있다. 하지만 지난 3년간 SNS 마켓 운영자이자 고객으로 활동하면서 나는 이 시장에 대한 확신이 생겼다. 내가 처음 사업자를 내고 인스타그램 마켓을 시작한 2019년에 비해 개인계정으로 인스타그램을 이용하던 사용자들이 마켓을 시작한 경우가 굉장히 많아졌고 공동구매 제품을 제안해주는 업체들도 굉장히 많아졌다. 누구나 판매자가 되어 고객들의 니즈를 반영한 제품을 판매할 수 있고 누구보다 빠르게 트렌디한 제품을 구매할 수도 있다. 이를 대체할만한 다른 시장이 나타나지 않는 한 판매자와 소비자 모두에게 유익한 세포마켓의 성장 가능성은 무궁무진해 보인다.

사실 많은 고민을 하다가 2019년에 마켓을 시작했지만, 지금은 더 일찍 시작하면 좋았을 걸이라는 후회를 하면서 열심히 확신을 갖고 매진하고 있으며, 이제는 내 본업이 바뀌게 되는 상황까지 되었다. 무자본 창업이기 때문에 단순한 취미나 부업이라고 생각했는데 본업의 수입보다 훨씬 커지게 되었고 현재 많은 이들의 문의에 실질적인 팁을 주거나 상품 소싱을 해주면서, 컨설팅이나 강의를 하며 서로의 성장을 돕고 격려하는 거대한 플랫폼이 되어가고 있다.

우연한 기회에 시작한 나의 작은 성공과 경험이 많은 이들에게 힘이 되어 육아에, 취업난에, 진로 고민에 빠져 절망하는 많은 2040 세대에게 성공의 불씨가 될 것이라고 확신한다. 어차피 밑져야 본전이다. 3개월 후, 1년 후 달라진 본인의 삶에 감탄하게 될지도 모른다. 더이상 망설이지 말고 지금 당장 시작하자!

● 최라벨의 황금 시간 관리법

사람들이 20대 때의 나에게나, 지금의 나에게 항상 묻는 질문은 도대체 잠은 언제 자느냐는 것이다. 어떻게 그 많은 일들을 하루 24시간밖에 없는데 48시간 이상처럼 유용하게 보내냐고 한다.

현재 필자의 하루는 평일 주말 구분 없이 24시간 핸드폰 하나로 모든 업무를 처리하는 디지털 노마드이다. 원조 N잡러 맛집이었지만 현재는 브랜드 제작과 유통에 집중하여 심혈을 쏟고 있다. 하루종일 브랜드 제작 관련된 디자인이나 샘플링 미팅, 오전 9시부터 오후 2시까지는 다양한 거래처에서 오는 발주 및 송장처리, 새로운 제품 소싱 관련 MD 미팅, 필자가 직접 출연하는 라이브커머스 관련 기획 미팅 등 정말 다이내믹하게 하루가 짜여져 있다. 집에 와서 녹초가 되어 쓰러지면 내가 살아있음의 카타르시스를 느낀다.

디지털 노마드라도 직접 PC를 켤 상황이 되지 않으면 직원이나 파트너에게 PC 업무 처리를 요청해서 서로 지원군이 되어준다. 커머스 크리에이터 겸 디렉터를 하다보면 발주량이 많을 때는 필연적으로 엑셀 작업이 필요한데 내가 외부에서 영업 미팅을 하고 있을 때 꼭 이 업무를 지원해주는 사람들과 협업하는 것이 좋다.

칼같이 계획을 세우고 시간을 지키며 분주하게 살았는데도 한 달을 돌아볼 때 목표를 달성하지 못했다면 왠지 시간관리에 실패한 것같은 느낌이 드는 이유는 무엇일까? 바쁘게 살았지만 달성해 놓은 게 없기 때문이다. 결국 목표관리의 실패다. 보통 사람들이 시간관리에 실패하는 이유는 크게 세 가지가 있다.

1. 너무 높은 목표
2. 이유 없는 행동
3. 너무 빠른 포기

증권회사나 은행처럼 출퇴근 시간이 정해져 있는 회사원으로 지냈을 땐 프리랜서, 디지털 노마드로 일하는 사람이 멋있어 보인 적이 있었다. 막상 내가 자유롭게 일하게 되니, 시간 관리에 더 철저해야 하고 주어진 마감에 맞춰 일정을 관리하고 많은 경쟁자와 겨뤄 살아남아야 하므로 더 열심히 일한다.

프리랜서로 제대로 일하기 위한 규칙은 어렵지만 나의 원칙은 다음과 같다.

- 나의 경쟁력은 내가 키운다. 누가 시키지 않아도 전문 분야에 대한 공부는 필수!
- 프리랜서는 스스로가 곧 브랜드이다. 능력 있고 매력 있는 나를 위해 자기 계발에 필요한 돈을 아까워하지 말 것
- 혼자 일을 하더라도 최신 이슈와 트렌드에 항상 귀를 열어 둘 것
- 시간이 자유롭다 하더라도 일하는 시간과 쉬는 시간을 정해놓는 자기만의 스케줄은 필수!
- 좋아하는 일을 할 시간은 언제든 있다.

올해가 시작된 지 얼마나 많은 시간이 흘렀는가? 연초에 결심했던 일들 중 얼마나 많은 일을 이루었는가? 만약 단 하나도 이루지 못했다면, 혹은 아직 시작조차 하지 않았다면, 그건 결심했던 목표들이 당신의 관심 범위 밖에 있었기 때문이다.

언제나 할 일은 많고 누구나 시간은 없다. 일은 줄지 않고 끊임없이 쏟아진다. 그중에서 우리가 원하는 것들, 해야만 하는 일들이 있다면 그 일들을 우리의 '관심 범위' 안에 두자. 어떤 일을 이루기 위한 간절함이란 관심 범위와 우선 순위를 얼마나 유지할 수 있느냐에 달려있다. 시간관리는 관심 범위와 우선 순위에서 시작된다.

시간관리를 하지 못하는 사람, 아니 하지 않는 사람들 중 상담을 해보면 대부분 '관리할 것이 없는' 경우가 많다. 바빠서라기보다는 본인 스스로 '관리 대상'과 '관심 범위' 자체가 없는 즉, 인생의 목표

설정 자체가 제대로 되어 있지 않은 경우가 많다.

시간관리를 잘하는 사람들은 보통 충분히 고민한 후 결정을 내리지만, 시간관리를 못하는 사람들은 결정을 내린 후 또 고민하고 고민하면서 비효율적으로 시간이 흘려버린다. 시간관리를 잘하는 사람은 미래 계획이 있고, 워라밸이 잘되어 있는 경우가 많다.

애플의 CEO 팀쿡은 새벽 4시면 일어나서 메일을 보내고 헬스장으로 나가 아침 운동을 시작한다. 테슬라 CEO인 일론 머스크는 주 100시간 업무를 하면서도 육아에 소홀하지 않은 가정적인 남자이다. 빌 게이츠는 분 단위로 시간 계획을 세우며 업무에 집중하는 반면 건강한 수면과 좋은 아이디어를 위한 장시간의 휴식을 취하는 데도 시간을 아끼지 않는다. 페이스북 CEO인 마크 저커버그는 출퇴근에 허비하는 시간을 아끼기 위해 자신의 집을 회사 근처로 옮기고 일에 집중한다.

● 생활 속에서 매일 5~10분을 절약할 수 있는 방법이 있다

1. 그날 입을 옷을 반드시 하루 전에 계획하라

다음 날 있을 회의, 약속, 미팅 등을 고려하여 반드시 옷과 액세서리를 미리 준비해 둔다. 어떤 미팅인가 누구와의 식사 약속인가 등을 고려하여 formal 또는 semi-formal 한 옷을 입을지 판단한다. 마지막으로 당일 아침에 일기예보를 보면서 최종 의사결정을 하면 완

벽하다! 이렇게 하면 바쁜 아침시간을 5~10분 절약할 수 있다. 아침에 여유가 생기면 하루가 여유롭다.

하루의 중요한 일들을 아침에 생각하고 일의 우선 순위를 정하고, 전략을 세워 일정을 조율한다. 자투리 시간을 잘 활용하면 뜻밖의 성과를 얻을 수 있다.

2. 자기 전에 하루 체크하기!

내가 하루에 무엇을 했는지 확인하라. 세상 모든 사람에게 24시간만큼 평등하게 주어진 것은 없다. 그 소중한 선물을 잘 활용하기 위해서는 "오늘 한 일이 없네", "이번 주도 그냥 지나갔네"가 아니라, 하루를 점검해서 오늘 하루 생산적이고 유익하게 보내지 못했다고 판단되면 잠들기 전에 침대에서 스마트폰으로 당장 몰랐던 시사용어 세 가지를 찾아보기나 신문기사 세 가지 읽기, 포털사이트에 매일 업데이트되는 오늘의 외국어 회화 등을 살펴보라. 생각해보면 매일 수많은 정보들이 업데이트 되고 쏟아지는데 정작 우리는 그런 것들을 흘려보내고 있다. 시간관리란 목표관리이며 하루하루 이렇게 무언가 생산적으로 남기는 습관을 갖다 보면 한 달, 세 달, 1년 뒤 달라진 내 모습을 확인할 수 있을 것이다.